AF389929

LES JEUX

INNOCENTS

DE SOCIÉTÉ

PARIS. — IMP. SIMON RAÇON ET COMP., RUE D'ERFURTH, 1.

BIBLIOTHÈQUE DES SALONS

LES JEUX

INNOCENTS

DE SOCIÉTÉ

PAR

J. POISLE-DESGRANGES

ÉDITION COMPLÈTE DE TOUTES LES RÉCRÉATIONS AMUSANTES

augmentée de jeux nouveaux

AVEC VIGNETTES

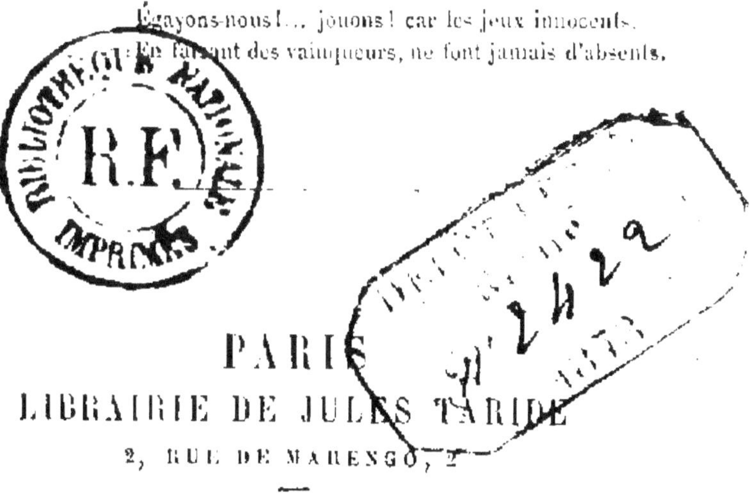

Égayons-nous!... jouons! car les jeux innocents,
En faisant des vainqueurs, ne font jamais d'absents.

PARIS
LIBRAIRIE DE JULES TARIDE
2, RUE DE MARENGO, 2

1873

LE RIDEAU

Le lever du rideau au théâtre paraît être la chose que les spectateurs attendent avec le plus d'impatience.

La préface d'un livre est fort souvent aussi le rideau gênant qui cache au lecteur ce qu'il voudrait connaître tout de suite.

Ajoutons à la gêne l'ennui que le lecteur éprouve la plupart du temps à lire un certain nombre de pages où la modestie de l'auteur joue toujours un rôle assez plaisant, et nous demanderons si la préface est réellement utile au livre. Plus elle est étendue et plus l'ennui se prolonge.

Les longues préfaces me font peur. C'est peut-être la cause réelle pour laquelle je prends à tâche de ne pas fatiguer le lecteur.

Ce petit livre, au surplus, n'a pas besoin de préface ; pourvu qu'il contienne assez de jeux pour rappeler le doux passe-temps de nos pères.

Les jeux innocents eurent autrefois une grande vogue à la cour et dans les salons de la haute bourgeoisie. Ils semblent vouloir renaître, et ils promettent de vivre honnêtement. Accueillons-les ; car les jeux innocents n'entraînent à aucune dépense; ils ne laissent aucun regret derrière eux et n'affaiblissent point les facultés de l'âme.

Mieux vaut leur donner ses loisirs que d'abandonner son esprit à la lecture des livres éhontés qui paraissent pour propager le scandale ou pour enseigner le déshonneur dans les familles.

L'homme léger qui recherche l'ivresse des plaisirs s'y noie tôt ou tard. Est-il au monde un journal dont la politique profonde vaille la conversation d'une dame gracieuse dont l'esprit ne se vend pas à tant la ligne?

Assurément non! La politique, il est quelquefois bon de la laisser derrière la toile; car c'est la sœur de la guerre. L'une fait des envieux, l'autre des héros qui tombent sur un champ de bataille.

On dit : Ils sont morts en braves!... Hélas! pauvres absents, que de pleurs vous causez à l'amour maternel! que de regrets vous laissez à la patrie en deuil! Ce deuil, nous le portons encore; et il restera longtemps au fond de notre cœur; mais ne ravivons point ici de cruels souvenirs... Tirons discrètement le rideau sur le passé... et parlons du présent qui cherche à nous sourire.

Qu'il soit le bienvenu sous un astre radieux. Que l'abondance et la paix nous ramènent les plaisirs champêtres et les jeux innocents d'autrefois.

Égayons-nous!... jouons! car les jeux innocents,
En faisant des vainqueurs, ne font jamais d'absents.

LES

JEUX INNOCENTS

DE SOCIÉTÉ

L'ACHETEUR OU L'ACROSTICHE

Dans l'avant-propos qui précède, nous n'avons pas voulu nous ériger en professeur et indiquer aux hommes comme il faut les convenances qu'ils doivent garder vis-à-vis des dames et des demoiselles avec lesquelles ils seront en communion d'idées pour les jeux que nous allons vous offrir.

Notre livre s'adresse aux gens du monde et de bonne compagnie ; nous sommes, en conséquence, dispensés de leur fournir toutes les notions préliminaires que contiennent certains manuels qui n'ont jamais franchi le seuil d'un salon.

Les indications nécessaires à l'exécution et à l'entendement de chaque jeu seront seules données dans ce livre, que l'auteur a écrit sans prétention.

Ésope jouait aux noix pour se distraire. Sans vouloir nous comparer au fabuliste phrygien, nous sommes heureux de pouvoir aussi nous récréer au bruit des **jeux innocents** qui reposent à tout âge du travail sérieux.

Jouons donc !... Il n'est pas nécessaire de savoir d'avance quel jeu pourra plaire à la société. Tous ceux que nous retracerons sont amusants.

La lame du couteau à papier n'aura qu'à se glisser entre les feuillets du livre, à tout hasard, pour désigner la récréation par laquelle on pourra commencer.

Et nous-même, pour ne favoriser aucun des jeux qui vont suivre, nous les inscrivons simplement par ordre alphabétique, ce qui nous permet de parler tout d'abord de *l'Acheteur, ou l'Acrostiche :*

Le mot à prendre pour ce jeu doit se composer d'un nombre de lettres égal à celui des joueurs.

Si le mot, par ses lettres, est inférieur au nombre des personnes présentes, on ajoute un qualificatif au nom.

Exemple : Pigeon ramier, canard gras, beau chapon, botte d'asperges, dinde truffée, etc.

— Je reviens du marché, dit la personne qui remplit le rôle de *l'Acheteur*, en tenant à la main un crayon et une feuille de papier à lettre.

— Qu'avez-vous acheté ? reprennent les assistants.

— Je vais vous répondre ; mais voyons d'abord combien nous sommes.

— Il y a six personnes sans vous compter.

— Fort bien ! Je choisis un mot de six lettres et je vous annonce que je rapporte un *Poulet* du marché.

Puis, s'adressant à l'une des personnes de la compagnie :

— Madame, je désire troquer mon *Poulet* contre autre chose. Que me donnez-vous en échange du. . . . . . P

— Une *Papillote*.

— Et de vous, mademoiselle, que puis-je espérer pour mon. . . . . O

— Un *Œuf*.

— Monsieur, je vous offre l' . . . . U

— Je vous donne l'*Univers*.

— Et pour mon. L

— Un *Lapin*.

— Que subira mon. . . . . E

— Un *Écueil*.

— Qu'aurai-je pour ma dernière lettre. . . . . . T

— Du *Travail*.

— Il est fait; car j'ai pris note des mots au fur et à mesure que vous les avez troqués contre mon *Poulet*.

Je vais maintenant vous les présenter en bon ordre :

« Il me serait fort agréable, madame, d'être la *Papillote* qui repose doucement sur votre front. Je voudrais être l'*Œuf* de tourterelle que mademoiselle désire voir éclore sous ses yeux; mais on n'a pas le pouvoir de changer de rôle ou de nature dans l'*Univers*, ni de se transformer en *Lapin* pour courir plus vite vers sa perte en trouvant un *Écueil* inconnu. J'estime que sur cette terre le *Travail* est le seul bien qu'on doive envier, et j'avoue que le mien ne m'a causé aucune peine s'il a su vous plaire. »

La personne qui répète la récréation doit éviter de prendre le même mot. De leur côté, les joueurs sont tenus d'éviter les phrases déjà dites, autrement des gages leur seraient demandés pour subir une ou plusieurs pénitences vers la fin de la soirée.

Cette règle est applicable à tous les jeux d'esprit ou de mémoire. Nous nous dispenserons de la rappeler.

Il est bien entendu que la réponse faite à *l'Acheteur* doit toujours être satisfaisante et ne présenter dans l'un des mots de *l'Acrostiche* aucune faute d'orthographe, sous peine d'un gage.

On donne pour gage ce que l'on veut; mais les objets de peu de volume devront être préférés pour ne pas embarrasser la personne à laquelle on les confie. Les plus acceptables sont : une bague, un collier, un bracelet, un portefeuille, un carnet et beaucoup d'autres petits objets de fantaisie ou de toilette.

L'ALPHABET DES AMANTS

On aime quelqu'un par A, par B, par D, par M, ou par toute autre lettre, si elle est vacante, attendu qu'on n'a pas toujours la faculté de choisir celle que l'on veut, un joueur ayant pu la prendre avant nous.

La personne qui a la lettre A, si c'est une dame, s'énonce en ces termes :

— J'aime mon *Amant* par A, parce qu'il se nomme

Aristide ; c'est un *Artiste* qui a le visage *Affable*, la **voix** *Agréable*, un gilet *Amarante*, et qu'il est né à *Amboise.*

Si c'est le cavalier qui parle en ayant eu la première lettre, il dira :

— J'aime mon *Amante* par A, parce qu'elle se nomme *Aminte*, qu'elle est *Actrice ;* son visage est *Adorable*, elle a la voix *Aimante*, une robe *Azur* et elle est *An- dalouse.*

En sens contraire et si l'on convient de changer les qualités contre des défauts, on peut dire :

— Je n'aime pas mon *Amant* par B, parce qu'il se nomme *Basile*, qu'il est *Boulanger*, que son visage est *Blême*, sa voix *Brusque*, qu'il porte un habit *Blanc* comme celui du meunier, et qu'il est né à *Brantôme.*

Certaines lettres ne facilitent pas toujours le joueur à trouver le nom de l'homme, sa profession, ses qua- lités ou ses défauts, la couleur de son habit et son pays natal. Dans ce cas les gages lui incombent.

Cependant, avec un peu de réflexion ou d'habitude du jeu, on peut s'en tirer.

Admettons qu'il y ait beaucoup de personnes à la réunion et que la lettre Z soit échue à quelqu'un. Voici ce qu'il pourrait répondre :

— J'aime mon *Amante* par Z, parce qu'elle se nomme *Zélie*, qu'elle a rempli le rôle de *Zéphire* à l'Opéra, que son visage n'a pas la forme d'un *Zéro*, que sa voix ne pleure pas comme celle de *Zaïre*, que la couleur vive de sa robe est plus éclatante que les plus beaux

Zonales de nos jardins et qu'elle est née à *Zurich.*

Je rappelle aux joueurs qu'ils doivent respecter l'ordre de réponses que nous avons tracé, pour ne pas s'exposer aux gages.

L'AMI

Le jeu des *Homonymes*, que nous donnons plus loin, aura sans doute plus de partisans que celui de l'*Ami*; mais celui-ci ne doit pas être méconnu, attendu qu'il a dû donner naissance à l'autre.

Il est des plus simples; car il ne comporte qu'une seule et même demande pour une syllabe donnée d'avance et que les joueurs complètent en intriguant la personne qui l'ignore. L'orthographe des mots n'est pas de rigueur, pourvu qu'ils aient la consonnance voulue; exemple, si l'on admet que le mot donné soit *La :*

— *Comment aimez-vous votre ami ?*

On répondra :

— *Je l'aime : dre* ou bien — *te* — *pon* — *ve* — *ridon* — *cet* — *me,* etc.

Si la syllabe est *Pin.*

On peut l'*aimer : son* — *gouin* — *dare* —, ou bien faire précéder cette syllabe de : *Or* — *Ra* — *La* — *Sa,* de même qu'on la termine par : *ceau* ou *ture.*

Enfin on peut l'*aimer* avec toutes les syllabes qui s'accordent avec l'ami *Pin.*

L'AMPHIGOURI

Un joueur se lève et prie les personnes de la société d'accepter une profession différente.

C'est décidé : — Moi, je suis épicier. — Moi, fruitière. — Moi, écaillère. — Moi, chandelier. — Moi, blanchisseuse. — Moi, chaudronnier. — Moi, porteur d'eau, etc.

— Y sommes nous ?

— Oui.

— Attention ! Chaque fois qu'il m'arrivera de manquer de mémoire dans mon récit, la personne que je regarderai devra m'aider en nommant un ustensile ou le produit de son état.

— Je commence : Dieu ! le bel opéra que *Robert le Diable!*...

La fruitière : — *Des Navets !*

— Comme la musique est....

Le chaudronnier : — *Casserole.*

— Non pas! elle est douce comme une....

La blanchisseuse : — *Lessive.*

— Ah ! c'est que le chef d'orchestre est plus fort qu'un....

L'épicier : — *Pruneau.*

— Et les chanteuses ! on peut dire que c'étaient....

L'écaillère : — *Des huîtres.*

— Je n'ai jamais vu une salle plus riche. Quel bel éclairage de....

Le chandelier : — *Chandelles*.

— On a bien raison de dire que l'opéra est le rendez-vous des....

Le porteur d'eau : — *Seaux*.

Nous bornons là ce récit, qui donne suffisamment l'idée de *l'Amphigouri*.

L AVOCAT

A ce jeu l'on est tout à la fois *accusateur, accusé* et *avocat*.

On choisit d'avance son *avocat*, mais il ne peut défendre qu'une seule et même personne. Lorsque l'*avocat* à son tour est accusé par quelqu'un, il n'a pas le droit de se défendre ; c'est l'*avocat* qu'il a pris de son côté qui se charge de ce soin.

La petite scène que voilà donne une idée du jeu :

— Monsieur Alfred, dit l'un des joueurs, est accusé d'avoir marché sur la robe en mousseline de mademoiselle Lucie et de l'avoir mise en lambeaux. Qu'a-t-il a répondre pour sa défense ?

L'*avocat* d'Alfred prenant la parole :

— C'est une exagération des plus grandes que d'avancer un tel fait. M. Alfred n'a point mis en lambeaux la robe de mademoiselle Lucie ; car cette robe n'a simplement qu'un léger accroc. Nous estimons.... Et, tenez ! pendant que je prends sérieusement la défense de M. Alfred, il ne m'écoute pas et parle en riant à sa voisine.

— Vous faites erreur, monsieur l'*avocat*, je ne soufflais mot.

— Un gage pour vous être défendu.... Je continue : L'accusé, messieurs les juges, est moins coupable, croyez-le bien que M. Oscar ici présent. Celui-là n'a pas déchiré qu'une robe dans sa vie ; demandez-le-lui.

— Moi ? répond Oscar.

— Un gage ! vous deviez laisser parler votre *avocat*, qui aura aussi un gage pour n'avoir pas pris votre défense.

— Je l'accepte avec joie, cette défense ; car elle est honorable. Mon client ne repoussera pas l'accusation dirigée en ce jour contre lui, je m'y oppose. En fin de compte, qu'est-ce qu'une déchirure de robe, comparée à un larcin ? Que pensez-vous, messieurs les juges, d'une personne qui serait accusée d'avoir cueilli une rose le matin, dans un jardin qui n'était pas le sien ? Je vois votre étonnement à cet égard. Votre impatience est sans bornes. Et vous semblez me dire : Nommez-la, cette personne ? Eh bien, c'est mademoiselle Lucie.

— Une voleuse, moi, par exemple !

— Deux gages, mademoiselle, un pour vous et l'autre pour votre *avocat*, qui est resté muet et que le barreau a reconnu depuis longtemps pour un fort mauvais *avocat*.

— Qui vous a dit cela ?

— Un second gage pour vous être défendu...

On voit par ce qui précède que les accusations donnent lieu à toutes sortes de méprises et fournissent des
gages assez fréquents.

L'accusation peut durer tout le temps que l'on veut ;
elle donne souvent naissance à des plaidoyers chaleu-
reux et quelquefois remplis d'esprit.

LE BAISER DE L'AVEUGLE

Un joueur consent à placer sa tête sur les genoux
d'une dame et se met la main gauche sur les yeux pour
être complétement aveugle.

Mais s'il ne doit rien voir, il lui est permis de dire
qu'on s'embrasse.

On lui demande :

— *Qui embrassera cela ?*

L'aveugle, sans connaître si on lui désigne le bras, la
main ou le front d'une dame, répond en faveur de telle
ou telle personne.

Et il fait souvent des heureux.

Quand il est las d'entendre l'un l'autre s'embrasser,
il peut se nommer lui-même.

— *Qui embrassera cela ?*

— Moi !

Pauvre aveugle ! on a sans doute prévu ta réponse ;
car on te présente le dossier d'une chaise ou d'un fauteuil. Quelle mystification pour toi !

On n'est déchargé du rôle d'aveugle qu'en se soumettant à la décision de l'aréopage qui désigne, s'il y a lieu, un remplaçant.

LES BILLETS DE CONFESSION

Un dé, par ses points, détermine le nombre de péchés que l'on dira à son *confesseur.* Soit un — trois — cinq — deux — quatre ou six.

Le *confesseur* reçoit par écrit du *pénitent* ou de la *pénitente* le nombre de ses péchés ; mais il a inscrit secrètement, sur une feuille de papier qu'il s'est réservée, un gros péché tel que la *gourmandise*, la *paresse* ou la *colère*.

La personne qui s'accuse de ce gros péché est frappée d'un gage.

C'est le *confesseur* qui lit tout haut les péchés pour exercer son contrôle.

Les *Billets de confession* se délivrent aussi par un cavalier et une dame simultanément.

S'il y a concordance de péchés sur les deux listes, on est absous ; s'il y a contraste, on est mis en *pénitence* par le *confesseur*, et la société décide du sort des pénitents.

LE BOIS TRANSFORMÉ

Quelqu'un demande : — Si j'étais bois, que feriez-vous de moi?

— Un *Bouleau*.

— Si j'étais *Bouleau*, que feriez-vous de moi?

La seconde personne répond : — Je voudrais vous voir un *Peuplier*.

— Et vous, madame?

— Si vous étiez bois, je refuserais votre **Chêne**.

— Et si j'étais *Chêne?* mademoiselle.

— Je vous brûlerais.

— Un gage! Vous n'avez pas répondu par le nom d'un bois.

— Monsieur, vous plaît-il de dire quel serait mon sort si j'étais *Chêne?*

— Je vous ferais *Chêne-vert* pour que vous soyez de Liége.

— Et si j'étais *Liége?*

— Je vous changerais en *Pin* pendant que vos gens dorment.

— Un gage! vous avez parlé d'*Orme*. Il ne faut pas citer deux bois différents à la fois.

On voit par ce qui précède que les jeux de mots font seuls le *Charme* de cette récréation, et qu'on peut s'amuser si l'on ne veut pas y regarder de *si près*.

LA BOITE D'AMOURETTE

Quand les jeux ont fourni peu de gages dans la soirée, la *Boîte d'amourette* y supplée.

On présente une bonbonnière à quelqu'un en lui disant :

— Je vous vends ma petite *Boîte d'amourette.*

— Que contient-elle?

— Trois choses : *Aimer, embrasser* et *congédier.* — *Qui aimez-vous? — Qui embrassez-vous? — Qui congédiez-vous?*

Une dame interrogée par un jeune homme très-fat répondit : — *J'aime* les bonbons. *J'embrasse* avec foi ma religion. *Je congédie* les importuns.

— Ce n'est pas cela. Vous devez *aimer* quelqu'un *embrasser* une personne, et *congédier...*

La dame l'interrompit :

— Je comprends, grâce à vos observations, ce que je dois faire. Eh bien, *j'aime* mon fils, qui s'est assis près de moi ; *j'embrasse* ma mère qui m'attend sur le divan...

— Et qui *congédiez-vous?*

— Vous!... Mais avant de vous retirer, donnez un gage.

Un autre jeune homme prit la bonbonnière qu'il présenta à un cavalier, en lui posant les demandes voulues.

Ce dernier répondit en désignant la maîtresse de la maison :

— *J'aime* madame.

— *Qui embrassez-vous ?*

— Mademoiselle, si madame le permet.

— *Qui congédiez-vous ?*

— Monsieur un tel.

Il est facile de se rendre compte du nombre de gages occasionnés par chaque congé. Le tiers des joueurs est obligé d'en fournir.

LE BOUQUET

On compose un bouquet de trois fleurs différentes que l'on nomme tout haut à la personne qui s'est chargée de conduire le jeu. Cette personne prend note des trois fleurs désignées et met discrètement en regard de chacune le nom d'une dame, d'une demoiselle ou d'un cavalier de la société. Quand tout le monde a composé son bouquet particulier et que, noms et fleurs, tout est inscrit sur la même liste, on parle en ces termes :

— Madame, j'ai inscrit les trois fleurs que vous avez bien voulu choisir et qui sont : le *Dahlia*, la *Pensée* et l'*Œillet*. — Que faites-vous du *Dahlia ?*

— Je le laisse sécher sur sa tige.

— Que faites-vous de la *Pensée ?*

— Je la mets dans mon livre de messe.

— Et l'*Œillet*?

— Je le donne à ma femme de chambre.

— Fort bien! Vous laissez M. R..., sécher sur sa tige. Vous mettez monsieur l'abbé dans votre livre de messe, et vous donnez le capitaine X... à votre femme de chambre.

On peut à la suite des fleurs ajouter, au lieu du nom des personnes, celui d'ustensiles de ménage, ce qui est non moins divertissant. Exemple :

— Que faites-vous du *Lis* dont vous avez fait choix?

— Je le mets dans ma poche.

— Et du *Soleil*?

— J'en retire les pepins.

— Et du *Pavot*?

— Je m'endors avec lui.

— Eh bien, vous mettez la *marmite* dans votre poche, vous retirez les pepins du *vase de nuit* et vous dormez avec la *bassinoire*.

Le bouquet *à devise* est celui que l'on destine à une dame ou à une demoiselle. Dans ce cas, c'est elle qui désigne les fleurs, et l'on y ajoute un emblème flatteur en le lui rendant.

LA CHARADE EN ACTION

On appelle *Charade en action* la petite comédie en deux ou trois actes que donnent les deux ou trois syllabes d'un mot.

Quelques joueurs seulement participent à la *Charade en action;* les autres sont spectateurs et cherchent à deviner le mot.

On se costume si l'on veut; mais il est de la bienséance de ne pas faire durer les entr'actes et de jouer rapidement pour que les spectateurs deviennent acteurs à leur tour, quand la charade est dévoilée.

Si le mot est *Mari - age,* le premier acte comporte une scène maritale que l'on improvise à son gré. Le second acte peut être en l'honneur du grand *âge* d'un vieillard entouré des soins de sa famille. *Mariage* sera le tableau final et le dénouement.

Il ne faut pas manquer, avant de jouer, de dire le nombre de syllabes dont la charade se compose.

On n'est pas toujours obligé d'observer l'orthographe des mots pour la *Charade en action.* Exemple : le mot *Épou-van-table* est bon. Il peut favoriser la représentation d'un ménage heureux : *Époux,* d'un coup de *vent* et d'un gai repas à *table.*

LA CHARADE IMPROMPTU

Dans la *Charade impromptu,* la parole et le mouvement ne font qu'un.

— *Cha,* dit le joueur qui lance un mouchoir à son voisin.

— *Pon,* répondra celui-ci en jetant le mouchoir à une

autre personne, à laquelle il pourra répéter : *Cha*, si cela lui plaît.

Cette personne devra trouver une autre syllabe qui complète le mot; par exemple : *peau, pître, ton* ou *meau;* car il faut toujours que la charade ait du sens.

On change de syllabe quand la première est à peu près épuisée et qu'elle ne fournit plus de réponses ou que plusieurs répétitions ont donné lieu à des gages.

LE CHASSEUR ET LE GIBIER

Le *Chasseur* ayant distribué des noms de *Gibier* à tout le monde, le jeu consiste, pour les uns et les autres, à ne pas perdre de vue la réplique.

Quand le *Chasseur* fait la description de sa chasse et qu'il parle des *Piéges*, des *Filets* ou des *Rets* qu'il a tendus, l'*Alouette*, la *Grive*, la *Bécasse*, tous les oiseaux enfin qui craignent ces engins répondent :

— *Cherche! cherche!*

Le *Lièvre* et le *Lapin* répètent le même mot.

Le *Lion*, l'*Ours*, le *Loup* et le *Renard* disent :

— *Pas si bête de nous laisser prendre!*

S'il parle de ses *chiens.*

Tout le monde se frotte l'oreille.

Au mot *Lévrier* ou *Chien courant*, le *Lièvre*, le *Lapin*, le *Faon*, la *Biche* et le *Cerf* répondent :

— *Qu'il coure! nous avons des jambes!*

Au mot *Basset* ou *Chien couchant*, les animaux paisibles s'écrient avec le *Renard* :

— *Au terrier! au terrier!*

Les animaux carnassiers disent :

— *Nous verrons! nous verrons!*

Au mot : *Fourré*, le *Sanglier* parle de **ses défenses**.

Aux mots : *Cor de chasse*, les coureurs répètent :

— *Alerte! alerte!*

Si le *Chasseur* dit : *Mon fusil*, tout le monde crie :

— *Gare! gare!*

— *Ma carnassière :* silence profond ; mais il ne faut pas négliger de placer ses mains en croix sur sa poitrine.

Des gages aux joueurs qui se trompent dans la réplique ou qui n'accomplissent pas les gestes dont on est convenu.

LE CHEVALIER GENTIL

Des cornets de papier étant d'avance préparés, le jeu commence quand tout le monde est assis.

— *Bonjour! chevalier gentil, toujours gentil; moi, chevalier gentil, toujours gentil, je viens de la part du chevalier gentil, toujours gentil* (on désigne son voisin de gauche) *vous dire que son aigle a un bec d'or.*

Si la personne de droite qui doit redire la phrase se

trompe en la répétant, on lui place un cornet de papier dans les cheveux.

Ce chevalier devient, par le fait, *cornard;* il cesse d'être un *chevalier gentil,* et l'on doit le traiter suivant sa marque distinctive, en lui disant :

— *Bonjour! chevalier cornard, toujours cornard, moi, chevalier gentil, toujours gentil, je viens de la part du chevalier gentil ou du chevalier cornard,* etc.

Le jeu continue en donnant à l'aigle *un bec d'or, des serres d'acier, des yeux de diamant, un cœur de roc,* etc.

On peut donc, grâce à ce jeu, qui confère de nombreux titres en peu d'instants, devenir un *chevalier cornard à deux, trois ou quatre cornes,* et mériter un *bonjour* approprié à la circonstance.

LA CIGALE ET LES FOURMIS

Le sort ayant désigné la personne qui fera la *cigale,* les autres joueurs sont *les fourmis.*

Comme dans la fable du bon la Fontaine, la *cigale* crie famine et demande *quelque grain pour subsister.*

— Je n'ai trouvé sur ma route *pas le plus petit morceau de mouche ou de vermisseau.*

On lui donne *un grain* de blé, de mil, de froment, de chénevis, de sarrasin, d'orge, d'avoine, de seigle, de riz, etc.

Aucune répétition de graine ou de semence ne doit se produire de la part des joueurs; mais si l'un d'eux nomme *le grain* que la *cigale* a noté d'avance sur son carnet, il devient *cigale* à son tour.

Voilà la surprise du jeu.

Si personne ne parle *du grain* prévu, la cigale continue :

— Je me suis bien régalée, grâce à votre générosité, mes bonnes *fourmis!* Je voudrais bien danser maintenant ; nommez *les instruments.*

Chaque *fourmi* en désigne un. Pourvu que ce ne soit pas celui que la *cigale* a encore noté.

Après les noms d'*instruments* viennent ceux des *arbres* sous lesquels la *cigale* demande à se reposer, puis le *tapis* de mousse, d'herbe, de gazon, de fougère, de trèfle ou de luzerne qui lui convient, et en fin de compte, il faut lui dire le nom de l'*oiseau* qui peut la tuer si elle s'endort.

La *cigale* reste ce qu'elle est ou donne un gage si aucun des noms qu'elle a prévus n'est cité par *les fourmis.*

LA CLEF DU JARDIN DU ROI

Ce jeu consiste à répéter une phrase courte d'abord, et qu'on allonge peu à peu pour embarrasser les joueurs
— *Je vous vends la clef du jardin du roi.*

— Quand tout le monde a répété cette phrase, voici la seconde :

— *Je vous vends la corde à boyau qui tenait la clef du jardin du roi.*

Puis :

— *Je vous vends le rat qui a rongé la corde à boyau qui tenait la clef du jardin du roi.*

— *Je vous vends le chat qui a mangé le rat qui a rongé la corde à boyau qui tenait la clef du jardin du roi.*

— *Je vous vends le chien qui a cassé les reins au chat qui a mangé le rat qui a rongé la corde à boyau qui tenait la clef du jardin du roi.*

— *Je vous vends le bâton qui a frappé le chien qui a cassé les reins au chat qui a mangé le rat qui a rongé la corde à boyau qui tenait la clef du jardin du roi.*

On continue de la sorte en ajoutant toujours quelque chose; mais nous pensons que l'exemple ci-dessus est plus que suffisant pour amener plus d'un quiproquo et d'un manque de mémoire.

LE COLIN MAILLARD

Il y a trois sortes de *colin maillard* que l'on peut jouer au salon, savoir : le *colin maillard assis*, le *colin*

maillard à la baguette et le *colin maillard à la silhouette.*

Débutons par le *colin maillard assis :*

Une personne se laisse mettre un bandeau sur les
yeux.

Les autres joueurs profitent du moment pour quitter
les siéges qu'ils occupent et se placer de manière à dé-
router complétement le *colin maillard.*

Quelqu'un cependant le guide tout d'abord et l'aide à
s'asseoir sur les genoux d'une personne.

Il est interdit au *colin maillard* de la toucher.

Ce n'est qu'en se reposant sur elle qu'il peut se prononcer.

Mais il est souvent déçu ; car les genoux de cette dame
sur laquelle il semble être fort à son aise, sont quelquefois ceux d'un cavalier qui a eu la malice de les couvrir
d'un jupon de soie ouaté.

Le *colin maillard* ne quitte son bandeau que quand
il a su désigner quelqu'un pour prendre sa place.

On peut lui donner un gage chaque fois qu'il nomme
une personne pour une autre.

Le *colin maillard à la baguette* se joue de deux manières, assis ou debout.

Il est peut-être préférable de le jouer debout, parce
qu'on peut danser tous en rond autour du *colin maillard.*

On chante un gai refrain, puis on s'arrête. Alors le
colin maillard, armé d'une baguette, la dirige du côté
d'un joueur et l'appuie légèrement sur lui en jetant

trois petits cris que celui-ci *doit imiter* sous peine d'un gage.

Si le *colin maillard* reconnaît la voix imitatrice de la sienne, il se débarrasse du bandeau et l'offre à la personne qu'il a nommée.

Pour jouer le *colin maillard à la silhouette*, le bandeau n'est plus utile.

On place le *colin maillard* sur un siége un peu bas, en l'invitant à regarder un rideau blanc soigneusement tendu.

Derrière le *Colin Maillard*, à quelque distance, se trouve une lumière qui est disposée de manière à refléter les silhouettes de toutes les personnes qui passeront, l'une après l'autre, entre cette lumière et le patient qui est assis.

Il ne serait peut-être pas difficile de reconnaître le profil de chaque personne au fur et à mesure qu'il se dessine sur le drap blanc ; mais les silhouettes sont la plupart grotesques, attendu qu'on prend un malin plaisir à se grossir la taille, à se la raccourcir ou bien à se déformer les traits. Le jeune homme simule le vieillard, l'homme droit contrefait le bossu, et la jeune fille se coiffe au besoin à la vieille.

Et de tous ces tableaux vivants, aucun n'offre celui de la vérité.

Notre *Colin Maillard* voudrait bien voir ce qui se trame contre lui, mais, comme à Deucalion, il lui est interdit de tourner la tête.

COMBIEN VAUT L'ORGE

Suivant la chronique, la plaisanterie de *combien vaut l'orge* provient de ce que le duc de Lorges, fut obligé d'attaquer la ville de Lagny et que, l'ayant prise d'assaut et mise à contribution, il aurait dit ironiquement aux pauvres habitants :

— Vous savez à présent *combien vaut Lorges!*

Le jeu se compose de dix mots; on en ajoute ou bien l'on en retranche, suivant le nombre de personnes qui y participent.

N° 1. — *François.*
N° 2. — *Combien.*
N° 3. — *Comment.*
N° 4. — *Diantre.*
N° 5. — *Vingt sous.*
N° 6. — *Trente sous.*
N° 7. — *Quarante sous.*
N° 8. — *C'est trop.*
N° 9. — *C'est bon.*
N° 10. — *C'est impossible.*

Les joueurs ayant choisi leur nom, le *maître* commence :

   — *François?*
N° 1. — *Plaît-il, maître?*
   — *Combien vaut l'orge?*
N° 1. — *Trente sous!*

    -- *C'est trop !*
N° 8. — *Plait-il, maitre ?*
    — *Combien vaut l'orge ?*
N° 8. — *Vingt sous.*
    — *C'est bon ?*
N° 9. — *Plait-il, maitre ?*
    — *Combien vaut l'orge ?*
N° 9. — *Quarante sous.*
    — *Comment? Diantre! C'est impossible*
N°° 3, 4, 10. — *Plait-il, maitre ?* Etc.

On donne un gage toutes les fois qu'on oublie de répondre : — *Plait-il, maitre?* quand on est nommé par lui; le gage est également dû lorsqu'on répond : — *Plait-il, maitre?* au joueur qui cite un nom.

COTON VOLE

Si ce jeu n'existait pas, il faudrait l'inventer, car il nous fait remonter à la simplicité du bon vieux temps.

La jeune villageoise, dans les champs, ne prend-elle pas plaisir à souffler sur l'ombelle du pissenlit en fleurs pour connaître sa destinée? Si vraiment. Cette fleur sans éclat pour elle est un oracle.

Voyez maintenant ces jeunes gens qui forment le cercle, et dont les genoux sont rapprochés les uns des autres; avec quelle ardeur ils soufflent en l'air un brin de duvet ou de coton! Ah! c'est qu'il ne faut pas que ce jouet du vent retombe Gare à celui des joueurs qui le reçoit sur ses vêtements ou sur ses genoux ! il donne un gage.

Voilà pourquoi chaque bouche souffle sans cesse en répétant :

— *Coton vole !*

Les physionomies, à ce jeu, sont des plus curieuses.

Elles prêtent souvent à rire, et ce qui double l'hilarité c'est de voir le coton se placer sur la barbe ou dans la bouche même du souffleur.

LE COQ-A-L'ANE

On se donne mutuellement à l'oreille un mot quelconque : *mouche — tissu — rasoir — papillote — levrette — araignée — jupon,* etc.

L'interrogateur ne connaît aucun des mots qu'on s'est confiés ; mais il est bon cependant qu'il sache poser des demandes pouvant s'allier avec ces différents mots.

— A quoi songez-vous ?

— A une *mouche.*

— Qu'est-ce que la vie ?

— Un *tissu.*

— Et la bourse ?

— Un *rasoir.*

— Quelle chose sait vous plaire ?

— Ma *papillote.*

— Qui aimez-vous ?

— Ma *levrette*.
— Que craignez-vous?
— Une *araignée*.

Le colin maillard (p. 27).

— Quel est l'emblème du travail?
— Un *jupon*.

Les réponses ici n'ont rien d'équivoque, mais il s'en
produit quelquefois qui constituent *les coq-à-l'âne* les
plus plaisants.

LES CRIS DE PARIS

L'imitation, cette industrie à la mode, est de toute utilité pour notre jeu.

Quiconque sait reproduire les cris burlesques de Paris y excellera.

Chaque joueur prend le rôle qui lui convient ou **qui** sied à sa voix.

L'un se fait *porteur d'eau*, l'autre *marchand de parapluies*, celui-ci *fondeur étameur*, celui-là *repasseur de couteaux*.

Les dames sont : *écaillère, marchande de cerneaux, marchande de plaisirs*, etc.

Quand on appelle un marchand, il doit répondre par le cri de sa profession :

— *Marchande d'huîtres !*

— *A la barque ! à la barque ! à la barque ! Vlà l'écaillère, régalez-vous.*

— Deux douzaines, s'il vous plaît !

— Adressez-vous au *porteur d'eau*.

— *A l'eau !... Eau !... Eau !*

— Une voie, s'il vous plaît ! au quatrième au-dessus de l'entresol.

— Fouchtra ! je suis un homme, fouchtra !.. appelez le *fondeur étameur*.

— *Fondeur étameur de cuillers et casseroles ; fondeur étameur !*

— Voulez-vous étamer ma baignoire ?

— Adressez-vous au *marchand de parapluies.*

— *Parapluie ! parasol !*

— Avez-vous des ombrelles ?

— Adressez-vous à la *marchande de plaisirs.*

— *Voilà le plaisir ! mesdames, voilà le plaisir !...*

— Donnez-nous-en ?

— Du plaisir ?... adressez-vous à la *marchande de cerneaux.*

— *Mes gros cerneaux !* etc.

On est passif d'un gage quand on pose une même demande à un marchand ou lorsqu'on lui demande une chose qu'il ne vend pas. C'est là que reposent toutes les difficultés de la récréation.

LE CURÉ

La société ayant fait choix de son *Curé*, du *Vicaire* et du *Sacristain*, on a chacun aussi sa profession. Il peut y avoir par conséquent un *Confiseur*, un *Chasublier*, un *Libraire*, un *Marchand de gravures*, une *Modiste*, une *Lingère*, une *Blanchisseuse*, une *Marchande de vin*, etc.

Le *Curé* parle le premier :

— Je viens de chez vous, monsieur le *Chasublier.*

— *Pourquoi faire, monsieur le Curé?*

— Pour avoir une étole. *Où étiez-vous?*

— J'étais chez la *Blanchisseuse.*

Cette dernière répond :

— *Pourquoi faire?*

— Pour faire repasser un surplis. *Où étiez-vous?*

— J'étais chez le *Confiseur.*

Le *Confiseur* reprend :

— *Pourquoi faire?*

— Pour acheter des dragées. *Où étiez-vous?*

— Chez le *Marchand de gravures,* etc.

Lorsqu'on dit : — J'étais chez M. le *Curé,* celui-ci redemande : — *Pourquoi faire?*

— Pour me confesser. *Où étiez-vous, monsieur le Curé?*

— Chez le *Vicaire,* etc.

Le *Vicaire* était chez le *Libraire,* celui-ci chez la *Lingère,* celle-là chez la *Modiste,* qui était allée chez le *Sacristain,* et ce dernier chez la *Marchande de vin.*

C'est en allant de l'un chez l'autre que le jeu finit par embrouiller les joueurs. Celui qui désigne une chose qui ne se rattache pas complétement à la profession du joueur qui le questionne donne un gage. Quand la question s'adresse au *Curé,* il ne faut pas non plus oublier de dire: *Pourquoi faire, monsieur le Curé?* ou bien : *Où étiez-vous, monsieur le Curé?*

DEMANDES ET RÉPONSES

On dispose une série de *demandes* plus ou moins familières auxquelles correspondent certaines *réponses*.

Une personne, après avoir mêlé les cartes du jeu des *demandes*, prie la dame ou le cavalier qui a choisi *les réponses* de vouloir bien aussi battre les cartes de son jeu; puis on lit, de part et d'autre, les phrases inscrites sur les cartes.

EXEMPLES.

DEMANDES.	RÉPONSES.
Aimez-vous le silence ?	Quand je dors.
Mentez-vous quelquefois ?	Toujours.
Savez-vous compter ?	Dans les bois.
Songez-vous au bonheur ?	La nuit.
Avez-vous des chagrins ?	On le dit.
Aimez-vous les plaisirs ?	A table.
Pensez-vous à moi ?	Jamais.

Cette série de *demandes* et de *réponses* présente un aperçu de celles que l'on peut créer pour prolonger le jeu.

LE DEVIN

Ce rôle est plus facile à remplir qu'on ne le pense. Il suffit de s'entendre avec la personne qui se charge de nommer les divers objets parmi lesquels se trouve celui qu'il faut deviner.

On prévient en conséquence le devin qu'on aura soin de placer l'objet en question après un *meuble*, une *fleur* ou un *quadrupède*. Voilà tout le secret du jeu ou pour mieux dire la clef, que l'on peut changer à volonté. Exemple :

Prenons pour mot donné : *Collier*, et pour clef un quadrupède qui sera chien, chat, cheval ou éléphant.

Le devin se place derrière un paravent, et son compère désigne la personne qui lui a confié le secret du mot *collier* en disant :

— Madame pense que vous ne devinerez pas ce qu'elle désire.

— Elle se trompe. Parlez.

— Madame désire une bague.

— Non.

— Un cachemire.

— Ce n'est pas cela.

— Un petit *chien* havanais.

— Non.

— Un *collier*.

— Oui.

Le petit *chien* havanais ayant quatre pattes, il était fort aisé au devin de désigner le *collier*.

On peut aussi jouer au *Devin* en prévenant celui-ci que la conjonction *et* précédera le mot qu'il devra deviner. Exemple :

Madame désire une chaîne d'or, une bague, *et* un *collier*, un cachemire, un petit serin hollandais, etc.

L'ÉCHO

Le titre du jeu indique bien qu'il s'agit d'une répétition de mots. Et nous allons en fournir la preuve :

Quelqu'un promet de raconter l'histoire d'un capucin, d'un peintre, d'un musicien ou d'un militaire.

S'il est question du peintre, les joueurs se nommeront l'un la palette, l'autre le pinceau, telle personne la toile, telle autre le chevalet, etc.

Le musicien distribuera des noms d'instruments ; mais si l'on préfère le militaire, on prendra pour noms son sac, son fusil, son schako, son ceinturon, son sabre, ses guêtres, sa tunique, etc.

L'histoire du capucin étant la plus connue et celle que l'on dit le plus souvent, nous la donnons :

— Mesdames et messieurs, ce matin en descendant de chez moi, j'ai rencontré dans la rue *un capucin*.

A ce mot, tout le monde répète :

— *Capucin, capucin.*

Si le narrateur le dit lui-même deux fois, les joueurs ne le répètent qu'une fois. Voilà tout le secret du jeu.

Continuons :

— *Un capucin.*

— *Capucin ! capucin !*

— Je n'en avais jamais vu, et je n'ai pu m'empêcher de contempler son *capuchon.*

Le capuchon interpellé répète :

— *Capuchon ! capuchon !*

— Ah ! le beau *capuchon ! capuchon !*

— *Capuchon !*

— Et quel beau *capucin !*

Tout le monde :

— *Capucin ! capucin !*

— Quelle longue *barbe* il avait !

La barbe répond :

— *Barbe ! barbe !*

— Son *Bourdon*

— *Bourdon ! bourdon !*

— Non, son *Rosaire, rosaire*

— *Rosaire !*

— Tenait à sa ceinture de *Corde.*

— *Corde ! corde !*

— Par *saint François,* qu'il était grand ce *capucin !*

Ici tout le monde s'incline à cause de *saint François* seulement, et l'on ne répète pas le dernier mot.

— Par *saint Jérôme,* qu'elle était longue sa *Robe !*

— *Robe ! robe !* etc.

Quand on joue au *Peintre*, le nom de saint est *saint Magloire*, celui du *Musicien* est *sainte Cécile*. Pour le militaire, on dit : Par *Bellone !*

L'ESCLAVE DÉPOUILLÉ

Le *sultan* ou *Maître* du jeu se place sur un sopha et fait asseoir quelqu'un à ses pieds en lui donnant le nom d'*Esclave*. Il appelle ensuite une personne de la réunion et lui impose certains ordres auxquels il faut savoir répondre de la manière suivante :

— *Approchez-vous de mon Esclave.*

— *Oserai-je, Sire ?*

— *Osez.*

— *C'est fait, Sire. Que ferai-je ?*

— Otez le bracelet de mon *Esclave*, ou bien — son collier — sa ceinture, etc.

— *Oserai-je, Sire ?*

— *Osez.*

— *C'est fait, Sire. Que ferai-je ?*

Quiconque oublie de répondre en bonne forme donne un gage.

S'il arrive qu'un joueur comprenne tout de suite le rôle qu'il doit remplir, et qu'il ne se soit pas trompé, ni dans son jeu ni dans ses réponses, le *sultan* s'incline avec satisfaction et lui dit :

— A merveille ! je vois que vous connaissiez le jeu depuis longtemps !... Allez vous asseoir.

La personne, troublée par le compliment, ne songe plus alors au piége qu'on lui tend et croit simplement qu'il ne lui reste plus qu'à s'asseoir.

Mais, halte-là ! pour n'avoir pas répondu :

— *Oserai-je, Sire.*

Elle n'échappe pas à la sentence du *sultan*, qui lui inflige un gage comme punition.

LA FEUILLE D'AMOUR

Les cartes d'un jeu de piquet étant distribuées aux personnes présentes, on met à part le talon, puis on demande à quelqu'un :

— *Avez-vous vu la Feuille d'amour ?*

— *Oui, j'ai vu la Feuille d'amour.*

— *Qu'avez-vous vu sur la Feuille d'amour ?*

— L'as de cœur.

La personne qui a la carte nommée entre les mains la remet au *Maître* du jeu.

Si c'est une dame, elle reçoit un baiser du cavalier qui a désigné sa carte.

Dans le cas contraire, le cavalier donne un gage.

Le jeu continue par les mêmes questions qui procurent des faveurs à certaines personnes et des gages aux autres.

Il est important de ne pas nommer une carte déjà désignée ni celle qui se trouve au talon.

LA FOLLETTE

Le *Maître* du jeu fait semblant de jouer du *flageolet*
et chante sur l'air de *Relututu* :

> Quand Jeanneton va seulette
> Son cœur fait tic-tac;
> Tremblante est la *follette*
> Quand son cœur lui répète :
> Crains de passer sur le bac,
> Tic-tac-tac, tic-tac-tac, tic-tac-tac.

Ce jeu est le même que celui des *Métiers*, dont il faut
suivre la marche. Cependant il est facile d'y apporter
un changement si chaque joueur veut mimer un rôle de
musicien.

Le *Maître* prendra tour à tour le violon, la flûte, la
grosse caisse ou les cymbales, et le musicien dont il aura
censément l'instrument devra jouer du *flageolet* jusqu'à
ce qu'il plaise au maître de choisir une autre musique
ou de reprendre la sienne en chantant :

> Quand Jeanneton va seulette, etc.

LE FURET

Il court, il court le *Furet*,
Le *Furet* du bois, mesdames ;
Il court, il court le *Furet*,
Le *Furet* du bois joli.

Il est passé par ici,
Le *Furet* du bois, mesdames ;
Il est passé par ici,
Le *Furet* du bois joli.
Il court, il court, etc.

Prenez garde, le voici,
Le *Furet* du bois, mesdames ;
Prenez garde ! le voici,
Le *Furet* du bois joli.
Il court, il court, etc.

Il trompe plus d'un mari,
Le *Furet* du bois, Mesdames;
Il trompe plus d'un mari,
Le *Furet* du bois joli.
Il court, il court, etc.

Les rimes en *i* n'étant pas des plus rares, on peut faire des stances à volonté pour cette ronde, dont l'air est fort connu.

Mais là n'est pas le but du jeu, si c'est la chanson. Ce que l'on désire, en chantant, quand tout le monde est assis et forme le cercle, c'est de faire circuler de

main en main une bague ou une petite clef qui n'est
autre chose que le *Furet* en question.

Pour l'aider à courir, on le tient captif au moyen
d'une corde ou d'un cordon assez long pour suivre toute
l'étendue du cercle. Lorsque la corde passe rapidement
entre les mains du joueur, le *Furet* glisse avec elle, et
il est quelquefois assez difficile de dire dans quelles
mains il se trouve.

Le chercheur, placé au milieu du jeu, fait tous ses
efforts pour découvrir le *Furet*. S'il le trouve, il fait
donner un gage à la personne et l'oblige à remplir à son
tour le rôle de chercheur.

LES GIROUETTES

Pour jouer aux *Girouettes*, il faut que le salon soit
assez spacieux et que les joueurs puissent y pirouetter à
leur aise.

Éole est le chef du jeu. Il souffle : — *Est !* — *Ouest !*
— *Septentrion !* — *Sud !*

En d'autres termes : — *Levant* — *Couchant* — *Nord*
et *Midi*.

Lorsqu'il souffle : *Nord !* les joueurs qui sont debout
au milieu du salon doivent tous se tourner du côté du
Midi.

S'il souffle : *Est !* on fera face à l'*Ouest*.

La chose est toute naturelle, puisque c'est le vent qui

fait tourner la *Girouette,* et que ce n'est pas elle qui va du côté du vent.

Mais s'il plaît à Éole de se distraire aux dépens de certains joueurs, quand il aura soufflé *Nord* et que tout le monde regardera le *Midi,* il s'écriera : — *Septentrion !*

Ceux qui feront volte-face auront un gage et provoqueront les éclats de rire des personnes qui savent que le *Septentrion* est le *Nord,* et que le *Sud* est le *Midi,* etc., etc.

Pour poser convenablement les quatre points cardinaux dans un salon, on convient que la cheminée sera le *Midi;* le divan, le *Nord,* s'il est en face de la cheminée; le *Levant,* du côté de la fenêtre, et le *Couchant,* à l'opposite.

Il est peut-être prudent de renoncer à ce jeu en présence d'hommes politiques, attendu qu'il s'en trouve parmi eux qui sont plus forts que nous.

L'HISTOIRE

Un certain nombre de personnes, formant cercle autour d'une table, on convient d'écrire l'*histoire* d'une chanteuse, d'une danseuse ou d'une comédienne nommée Thérésa, Paméla ou Georgina. Pour que *l'histoire* offre de singuliers contrastes et plus d'un coq-à-l'âne amusant, il est nécessaire que chaque joueur ne voie que le dernier mot écrit par son voisin de gauche. C'est sur ce dernier mot que l'*histoire* se continue et s'achève. On a le soin, pour s'assurer la discrétion des joueurs, de plier la feuille de papier au fur et à mesure de chaque nouvelle inscription. Les phrases suivantes indiquent la manière d'o pérer :

Histoire de Mlle Paméla, danseuse.

Paméla était grande, bien faite et
jouissait d'une fort bonne

---

santé.
Quoique délicate sa santé n'eut
jamais besoin d'avoir recours au

---

médecin.
Il lui ordonna un vomitif qui
la remit promptement sur

---

ses jambes.
Faisaient la convoitise des curieux
qui les lorgnaient placés presque

à ses pieds.
Relevez vous, dit-elle à cet insensé
qui osa s'agenouiller sur le bas de

---

sa robe.
Prit feu à la rampe du théâtre.
Le pompier accourt vivement et

---

l'enlève.
Et ses parents désolés l'ayant cherchée
vainement eurent le cœur

---

brisé
à trois endroits, son bras resta
mort. Elle n'en retrouva jamais l'usage

complet.
Elle attendit le second omnibus
sans pouvoir y monter; c'était

désespérant
d'être épousée par son séducteur
elle résolut de se faire

mourir
pour la patrie c'est le sort le plus
beau, le plus digne d'envie.....

On peut continuer l'*histoire* en faisant deux ou trois
fois le tour de la table, où les mêmes personnes ajoutent
de nouvelles phrases. Celles qui ne se rapportent pas à
l'*histoire* et semblent vouloir s'en éloigner occasion-
nent des gages. Ainsi, par exemple, cette dernière
phrase : *Mourir pour la patrie,* etc., ne se rapporte
pas à mademoiselle Paméla, qui était danseuse et non
chanteuse. Elle a fait rire à la suite des autres et mérite
certainement un gage.

LES HOMONYMES

Le jeu des homonymes est des plus divertissants. Il
se borne à trois questions qui sont : *Comment l'aimez-
vous? — Qu'en faites-vous? — Où le placez-vous?*

On prend un mot parmi les homonymes, tels que : *Chien, Faveur, Cure, Glace, Rôle,* etc. La personne qui

Le Furet (p. 44).

a pour tâche de le deviner pose aux joueurs la première demande :

— *Comment l'aimez-vous ?*

Il est de l'intérêt de chacun de ne pas se compromettre par une réponse trop explicative.

Ainsi, par exemple, si le mot est : *Faveur,* la personne interrogée répondra :

— Je l'aime rose.

— Et vous? Madame.

— Je l'aime bleue.

Notez que la réponse *rose* ou *bleue* n'indique pas que l'objet soit du masculin ou du féminin. Le mot **verte** trahirait peut-être le joueur.

— *Comment l'aimez-vous ?* Monsieur.

— De certaine longueur.

— Et vous? monsieur l'abbé.

— En soie.

— *Comment l'aimez-vous ?* capitaine.

— Je ne l'aime pas !

— Un gage ! Vous devez *l'aimer*, capitaine.

— Non, morbleu!

— Un gage, vous dis-je..... *Comment l'aimez-vous ?* mademoiselle Laure.

— Sur un bonbon.

La première demande étant adressée à tout le monde, si le mot n'est pas trouvé, on passe à la seconde question.

— *Qu'en faites-vous ?*

Les réponses seront :

— J'en fais un abus — un collier — une jarretière un nœud — un ornement — un amusement — un riomphe — un cadeau de noces, etc.

A la troisième demande : — *Où le placez-vous?*

— Je la place à ma boutonnière — à ma ceinture — dans un livre — chez le confiseur — dans les bureaux — à la cour.

— Pardon! monsieur, pardon! mesdames, je pense bien tenir le mot.

— Quel est-il?

— C'est *Faveur*.

— Qui vous a fait deviner?

— La personne qui a dit : Je *la* place à ma boutonnière.

— Que cette personne vous remplace et donne un gage...

On peut prendre comme *homonymes* les mots dont le son est semblable à l'oreille, comme : *Pin* ou *Pain*, *Sein*, *Saint* ou *Seing*, *Hère*, *Aire*, *Ère* ou *Air*, etc. Ils donnent plus d'essor aux réponses des joueurs.

LE JARDIN DE MA TANTE

Comme *la Clef du jardin du roi*, le *Jardin de ma tante* présente une série de phrases à retenir et à répéter.

— *Je reviens du jardin de ma tante.*

Telle est la phrase dite au premier tour. On y ajoute les mots suivants aux autres tours :

— *Ah! c'est un bien beau jardin que le jardin de ma tante!*

— *Dans le jardin de ma tante il y a quatre coins.*

— *Dans le premier coin il y a un jasmin ; je vous aime sans fin.*

— *Dans le second coin il y a une rose; je voudrais bien vous embrasser; mais je n'ose!*

— *Dans le troisième coin il y a un muguet; dites-moi votre secret.*

Chacun à cette demande se penche à l'oreille de son voisin et lui confie un secret.

— *Dans le quatrième coin il y a un pavot; ce que vous avez dit tout bas, dites-le tout haut :*

C'est par cette chute que se termine la phrase rétrospective qui commence par : *Je reviens du Jardin de ma tante,* etc.

Elle occasionne une surprise assez grande aux personnes qui n'avaient pas su s'y attendre et qui n'osent plus divulguer le secret qu'elles ont confié tout bas.

LA MAIN CHAUDE

La réserve et la modestie doivent présider à ce jeu. On ne doit pas tricher.

Le pénitent place sa tête sur les genoux d'une dame et met une main derrière le dos pour qu'un joueur y frappe doucement sans être vu.

Si le pénitent devine au toucher quelle est la main qui a frappé la sienne, il cède sa place au joueur qu'il a nommé, et celui-ci cherche à s'en tirer à son tour.

LA MAISON DU PETIT BONHOMME

C'est le même jeu que *la Clef du jardin du roi*.

La seule différence consiste à dire au premier tour :

— *Je vous vends mon petit bonhomme.*

Au second tour :

— *Je vous vends la maison de mon petit bon-homme.*

On continue ensuite par :

— *Je vous vends la porte de la maison de mon petit bonhomme ; je vous vends la serrure de la porte de la maison de mon petit bonhomme ; je vous vends la clef de la serrure de la porte de la maison de mon petit bonhomme,* etc.

MA SERVANTE N'AIME PAS LES OS

Première récréation : O.

— *Ma servante n'aime pas les os, que lui donnerez-vous ?*

— Du *poisson.*

— Un gage.

— Donnez-lui, du *veau,* du *gibier,* du *salmis,* du *lait,* de la *crème* ou du *beurre,* et vous n'aurez pas de gages.

— Pourquoi ?

— Parce que les mots que je viens de désigner n'ont pas d'O.

Deuxième récréation : H. I.

— *Ma servante n'aime pas le hachis, que lui laisserez-vous ?*

— Une queue de *homard.*

— Un gage.

— Du *chocolat.*

— Un gage.

— Du *tapioca.*

— Encore un gage.

— De la *salade.*

Cette fois le joueur a bien répondu sans le savoir ; mais pour l'embarrasser on lui demande :

— Quelle salade ?

— De la *chicorée.*

— Deux gages !

Ils sont effectivement tous mérités ; car si les mots *Homard* et *Chocolat* contiennent chacun un H, le *Tapioca* contient un I, et il y a un H.I. complet dans le mot *Chicorée.*

LES MÉTAMORPHOSES

Chaque personne a le droit de se métamorphoser en *Guéridon, Fauteuil, Piano, Sopha, Tapis, Tabouret, Glace* ou *Pendule.*

— Je me métamorphose en *Pendule*, dit une dame.

Un cavalier se charge alors de recueillir l'opinion des autres personnes, et leur demande tout bas à part :

— Si madame était *Pendule :* 1° *Qu'en feriez-vous ?* — 2° *Qu'en penseriez-vous ?* — 3° *Que voudriez-vous être ?*

La galanterie sans aucun doute répondra :

— *J'en ferais* le meuble élégant et riche de la cheminée de ma chambre à coucher. — Loin d'*en penser* du mal, j'y songeais soir et matin, et la nuit quand elle m'éveillerait. — *Je voudrais être* la grande aiguille de son cadran pour marquer toutes les heures qu'elle sonnerait.

Mais on peut répondre différemment. Chacun d'ailleurs est libre, comme au jeu de la *Sellette,* d'exprimer sa pensée comme il lui plaît.

Le cavalier qui reçoit chaque réponse peut les écrire s'il craint de ne pas se les rappeler, et lorsqu'il les donne à deviner à la personne intéressée, il a le soin d'intervertir l'ordre dans lequel il les a classées pour qu'on en devine moins facilement l'auteur.

LES MÉTIERS

Il y a deux manières de s'amuser à ce jeu. La première, c'est de convenir des métiers que l'on doit faire et de charger une personne d'en deviner un.

Chaque métier s'imite par les gestes seulement. La personne qui parle donne un gage. C'est donc la pantomime plus ou moins bien connue de tel ou tel métier qui fait qu'on le devine.

Le joueur qui a laissé comprendre son métier cède sa place à la personne qui le nomme.

La seconde manière de s'amuser consiste à choisir un *maître* qui exécute un métier sans bruit.

Chaque joueur a aussi son métier qu'il exécute à part ; mais quand il convient au *maître* de quitter son métier pour un autre, le joueur prend alors celui du *maître*.

Les joueurs dont on n'a pas contrefait le métier cessent de fonctionner tant que le *maître* n'a pas repris son métier ; mais dès qu'il le reprend, tout le monde gesticule et refait son ancien métier.

Ce jeu est subordonné à une attention soutenue ; car le *maître* change de métier à chaque instant pour surprendre la bonne foi des joueurs.

LES MONOSYLLABES

Notre titre indique quelle sera l'étendue des réponses que l'on fera à la personne chargée du soin de nous interroger.

— Madame veut-elle bien adopter ce jeu ?

— *Oui.*

— Monsieur le permet ?

La politesse ici veut qu'on ne réponde pas : *non* ; le cavalier dirait bien *oui* comme la dame, mais il serait taxé d'un gage en raison de la répétition ; il répond :

— *Bien.*

— La musique vous plaît-elle ?

— *Ah ! ! !*

— Et la danse, mademoiselle ?

— *Trop !*

— La campagne est-elle belle ?

— *Oh ! ! !*

— Et le village ?

— *Fi !*

— La ville vous séduit ?

— *Non.*

— Le jeu a des charmes.

— *Pas !*

— Aimez-vous à rire ?

— *Peu.*

— Chantez-vous ?

— *Où ?*

La personne interrogée ayant répondu à la demande par une question, on est en droit de lui en faire une seconde :

— Dans votre appartement ?

— *Rien.*

L'embarras, comme on le voit est de trouver une syllabe non encore dite et qui réponde parfaitement à l'interrogation.

LE MOT D'ORDRE

Un joueur est désigné pour monter la garde en dehors de la porte du salon. Il doit être armé d'un manche à balai et se laisser coiffer d'un bonnet militaire en papier.

On choisit discrètement un mot et à l'insu du garde ; mais il faut que ce mot puisse être scindé et fournir deux significations comme : Pou-lic, Ra-ton, Para-sol, etc.

Supposons que le dernier mot ait été choisi, l'une des personnes du jeu dit :

— C'est fait !

Le garde quitte alors son poste à l'extérieur, et s'avance au pas militaire dans le salon. A peine a-t-il fait son entrée que quelqu'un lui crie :

— Halte-là ! qui vive !

— France !

— Avance à l'ordre.

Le garde croise alors la baïonnette avec son manche à balai, et reçoit le mot d'ordre, qui est *Para*, la première syllabe du mot à compléter. *Sol* est, par conséquent, le mot de ralliement. Mais le garde peut répondre *Pluie* ou *Vent* au lieu de *Sol ;* car on ne lui accorde que deux réponses, et dans ce cas il est obligé d'aller de nouveau monter sa faction à la porte du salon, et d'attendre qu'on lui donne un autre mot à deviner.

S'il le devine au premier tour, c'est le joueur qui lui
a imposé le mot qui prend sa place.

Il faut éviter de choisir les mots qui appellent d'eux-
mêmes la seconde syllabe que l'on veut taire. Parmi ces
mots faciles sont : *Chèvre-Feuille*, *Chien-Dent*, *Halle-
Barde*, etc.

LE MOT PLACÉ

Ce jeu a pour but de glisser adroitement dans le récit
que l'on doit faire un mot qui a été donné d'avance.

Le mot nous est dit tout bas à l'oreille par notre voisin de gauche, et c'est le voisin de droite qui devra le
deviner quand nous le placerons au commencement, au
milieu ou à la fin de notre récit.

S'il le devine, nous donnons un gage. S'il n'a pas su le
découvrir, c'est lui qui est condamné. Il place à son tour
dans son récit un autre mot que nous lui disons secrètement.

Admettons que ce mot soit : *Poisson*, et que la personne qui doit deviner demande :

— Qu'avez-vous vu dans la forêt de Bondy ?

Il répondra :

—Je n'y ai rien vu d'extraordinaire à l'exception d'arbres touffus et fort grands. J'aurais pu craindre les vo-
leurs ; car j'étais isolé ; mais la peur ne s'est jamais
emparée de moi. Une soif ardente seule me tourmentait ;

j'aurais voulu boire, et pas le moindre petit filet d'eau vive dans cette sombre forêt, où j'étais plus malheureux que le *poisson* sur la paille. Tout à coup, au détour d'une allée, j'aperçus un marchand de coco... J'étais sauvé! ..

Il y a une autre manière de se distraire à ce jeu :

Le même mot est donné à tous les joueurs, sauf à celui qui est chargé de le deviner.

Ce dernier questionne chaque personne comme il l'entend ; mais il faut que la conversation de chacune d'elles renferme le *mot placé*.

L'OISELEUR

Parmi les noms d'oiseaux que nous allons prendre se trouve celui de la *Chouette*.

L'oiseleur se place au milieu du cercle des oiseaux et commence un récit dans lequel le nom de chaque volatile n'est pas oublié

Chaque personne qui entend son nom doit imiter sur-le-champ le cri de l'oiseau qu'elle représente et tenir constamment les mains sur ses genoux.

Ce n'est qu'au mot de *Chouette* que toutes les mains doivent disparaître, et pour cause, *l'oiseleur* ayant mission d'en saisir une au passage au moment où elles se sauvent.

Quand il parle de *toute la volière*, il ne faut pas

bouger les mains; mais tous les oiseaux à la fois font entendre leur ramage.

Celui qui s'est laissé prendre donne un gage et rem-
p'ace l'*oiseleur*, auquel il lègue son nom d'oiseau.

On imite de son mieux le chant des oiseaux : Le *Coq*
chante, la *Poule* glousse, la *Pie* dit : *Margot à la cave*,
le *Corbeau* croasse, la *Caille* dit : *Paye les dettes*, le
Pigeon roucoule ainsi que la *Tourterelle*, la *Chouette*
fait : *Chou-ou-ou-ou*. Enfin chacun tient son rang dans
la volière.

OTE-TOI DE LA

Que je m'y mette! telle est la conclusion du jeu dont
nous avons donné le titre. C'est aussi celle des gens sans
place et de ceux qui ont de l'ambition.

— Mademoiselle, *ôtez-vous de là!*

— *Pourquoi cela?*

— Parce que vous avez gardé vos gants, ou bien —
parce que vous portez un fichu de dentelles — ou, ce qui
est mieux encore et plus galant — parce que vous avez
de jolis yeux — des dents comme des perles — une
bouche semblable à un bouton de rose.

La jeune fille quitte le siège qu'elle occupait, et le
cavalier s'y assoit.

Elle dit à son tour à une autre personne :

— *Ôte-toi de là!* ou *Ôtez-vous de là!* etc.

Les réponses maladroites ou déjà faites motivent les gages qu'on n'a pas su éviter.

LE PAPILLON

Les dames qui font partie du jeu prennent chacune le nom d'une fleur. Les cavaliers ont tous le nom d'un insecte, et l'un d'eux, le *Papillon*, est chargé d'un récit dans lequel *les fleurs* et *les insectes* sont tour à tour cités.

Celui ou celle qui entend dire son nom doit prendre sur-le-champ la parole et continuer le récit.

Lorsqu'il est question du *Jardinier*, les dames (*les fleurs*) font avec la main un geste bienveillant pour l'accueillir. Bien au contraire, les cavaliers (*les insectes*) semblent redouter sa présence et retracent en sens inverse tout leur déplaisir.

Au mot *Arrosoir*, les dames s'inclinent; les cavaliers mettent un genou en terre.

Et s'il s'agit du *Soleil*, tout le monde se lève avec joie pour le saluer.

Le *Papillon* ne doit pas manquer d'accomplir les mouvements généraux ou ceux particuliers aux *insectes*.

Il serait passible d'un gage s'il faisait les mouvements qui sont dévolus aux *fleurs*.

Le surplus des gages est imposé aux fleurs et aux insectes qui commettent des infractions aux règles du jeu.

LE PEINTRE ET LES COULEURS

Le jeu du *Peintre et les Couleurs* est la continuation de l'*Écho*, avec complication. Ce sont les noms des couleurs : bleu, blanc, gris, jaune, rouge, vert, noir, violet, etc., dont on baptise les joueurs.

Le rôle du *Peintre* est celui qu'il lui plaît d'imaginer. Lorsqu'il nomme sa *Palette*, tous les joueurs disent à la fois : —*Couleurs! couleurs!* S'il parle de son *Pinceau*, on s'écrie : — *Brosse! brosse!* S'il dit : *Brosse*, chacun crie : *Sauve! sauve!* S'il désigne une couleur, celle-ci en nomme une autre qui doit dire : *Ah! monsieur le Peintre!* S'il les demande *toutes*, tout le monde répond : — *Nous voici! nous voici!*

Écoutons à présent notre *Peintre* qui parle :

— Raphaël, mon ami, place-toi devant ton chevalet... Prends ta *Palette*.

— *Couleurs! couleurs!*

— Mets ta toile à hauteur... Bien!... Il s'agit de prendre ton *Pinceau*.

— *Brosse! brosse!*

— Voyons! voyons! de quelle couleur ferai-je le ciel de mon paysage?... *Bleu!*

Le Bleu : — *Gris! gris!*

Le Gris : — *Ah! monsieur le Peintre!*

— Mon ciel ne serait pas beau de cette couleur. Je

préfère un ton plus sombre. Si je prenais le *Noir*.

Le Noir : — *Jaune! jaune!*

Le Jaune : — *Ah! monsieur le Peintre!*

— Décidément cette teinte me déplaît. Je veux un ciel animé... Prenons le *Rouge*.

Le Rouge : — *Blanc! blanc!*

Le Blanc : — *Ah! monsieur le Peintre!*

— Un arbre *Vert*, ici.

Le Vert : — *Violet! violet!*

Le Violet : — *Ah! monsieur le Peintre!*

— J'ai besoin de *toutes mes couleurs*.

— *Nous voici! nous voici!*

— Ce paysage est affreux!... Effaçons-le d'un coup de *Brosse*.

— *Sauve! sauve!*

Certains joueurs parlent mal à propos au mot *cheva-let, toile, couleur* (au singulier) et négligent de répondre quand il le faut.

De là une confusion qui pousse à la récolte des gages; le peintre l'entretient tant qu'il peut en revenant souvent sur les mots : *Palette, Toutes mes couleurs, Pinceau* ou *Brosse*.

PETIT BONHOMME VIT ENCORE

Une allumette, qu'on se passe de main en main en disant :

— *Petit Bonhomme vit encore,*
fait tous les frais du jeu.

Cette allumette qui brûle lentement, si on la ménage,

La main chaude (p. 52).

impose un gage à la personne entre les mains de laquelle
son feu s'éteint.

La personne soupire avec tristesse :

— *Petit Bonhomme ne vit plus !*

Il est facile de le ressusciter en faisant brûler une
nouvelle allumette, et l'on continue à répéter :

— *Petit Bonhomme vit encore !*

PETITE POMME D'API

Lorsqu'un jeu demande quelques apprêts, **on se** distrait avec celui-ci en attendant l'autre ; il apprend à la langue de quelle manière elle peut se dégourdir :

— *Petite pomme d'api, quand te dépetite pomme d'apiras-tu ?*

— *Je me dépetite pomme d'apirai quand toutes les petites pommes d'api se dépetite pomme d'apiront, je me dépetite pomme d'apirai comme elles.*

— *Petit pot de beurre, quand te dépetit pot de beurreras-tu ?*

— *Je me dépetit pot debeurrerai quand tous les petits pots de beurre se dépetit pot debeurreront, je me dépetit pot de beurrerai comme eux.*

— *Gros gras grain d'orge, quand te dé gros gras grain d'orgeras-tu ?*

— *Je me dé gros gras grain d'orgerai quand tous es gros gras grains d'orge se dé gros gras grain d'orgeront, je me dé gros gras grain d'orgerai comme eux.*

LE PIED DE BŒUF

Savez-vous compter jusqu'à neuf ?
Eh bien, jouons au p'ed de bœuf.

On place la main droite sur les genoux d'une personne. Deux ou trois autres mains s'ajoutent l'une sur l'autre, et, quand l'élévation est complète, la première main se dégage en dessous pour venir dessus, et l'on dit :

— Un !

Celle qu'on supportait arrive à son tour et dit :

— Deux !

Et les autres :

— Trois ! — Quatre ! — Cinq ! et ainsi de suite jusqu'à *neuf.*

Mais le joueur qui prononce ce dernier nombre doit saisir en même temps l'une des mains qui s'échappent.

S'il n'en saisit aucune, il donne un gage, et le jeu recommence.

S'il a saisi une main, il s'écrie :

— *Je tiens mon pied de bœuf !... De trois choses en ferez-vous bien une ?*

Le captif répond :

— *Si je le puis. — Si cela vous plaît. — Si cela me convient.*

— La première, c'est d'aller à Pékin et de me rapporter du thé.

— *Je ne le puis.*

— La seconde, c'est de dire : *trois petits pâtés ma chemise brûle, trois seaux d'eau pour l'éteindre.*

— *Si cela vous plaît.*

— La troisième, c'est d'*embrasser le dessous du chandelier.*

— *Cela me convient.* (Voir les *Pénitences.*)

On choisit naturellement la pénitence la plus douce, et cette dernière est des plus agréables quand on sait l'accomplir.

PIGEON VOLE

La danse captive, la valse enlace et *Pigeon vole* entraîne. C'est lui le plus fort de tous.

Le joueur a beau dire à son doigt, quand il l'a posé sur les genoux d'une dame : Tu ne bougeras pas ! c'est peine inutile ; car il faut que ce doigt voltige en l'air au mot de :

— *Pigeon vole !*

— *Hanneton vole !*

— *Papillon vole !* etc.

Et son entraînement sera tel que pour obéir au doigt trompeur qui lui donne l'exemple en volant à tort, il se laissera prendre au mot de:

— *Serviette vole !* et s'envolera avec elle, hélas ! pour se procurer vivement un gage.

LA PINCETTE

C'est au bruit plus ou moins fort de *la Pincette* sur laquelle frappe une clef, que l'on fait trouver le peloton de fil ou le mouchoir qu'un joueur a soigneusement caché.

La personne qui sait faire parler *la pincette* indique la cachette au chercheur. Il n'a donc qu'à bien écouter. S'il s'éloigne du but, *la pincette* le rappelle en sonnant fortement. S'il s'en rapproche, *la pincette* vibre si doucement, si doucement qu'elle semble dire au chercheur :

— Oui, c'est là !... Approche !... Approche encore !...

On peut à l'aide du même instrument imposer sa volonté à quelqu'un et l'obliger à monter la pendule, ou bien lui faire accomplir toute autre chose, voire écrire, chanter ou danser suivant la décision de la société.

LES PORTRAITS

On pose trois demandes par écrit aux dames et autant aux cavaliers.

AUX DAMES.

— Quel est le portrait de votre ami? retracez :

1re Dame. . . . { Sa figure. / Sa taille. / Ses manières.

2e Dame.. . . . { Son pied. / Son habit. / Son chapeau.

3e Dame.. . . . { Son gilet. / Son pantalon. / Sa chemise.

AUX CAVALIERS.

— Quel est le portrait de votre dame? esquissez :

1er Cavalier. . . { Sa chevelure. / Ses sourcils. / Son front.

2e Cavalier. . . { Ses yeux. / Son nez. / Sa bouche.

3e Cavalier. . . { Sa lèvre. / Ses dents. / Son menton.

Quand chaque personne a répondu à la suite des demandes qui lui étaient posées, on opère en sens inverse en donnant les premières aux cavaliers et celles de ces derniers aux dames.

Il arrive alors que de part et d'autre on répète des mots ou des expressions qui motivent des gages ; car il est bien rare que l'on ne se rencontre point sur la couleur de la chevelure, des yeux, des lèvres ou des dents, et qu'on reste en désaccord sur la forme ou le fond d'un chapeau.

LE PROPOS INTERROMPU

Sous le titre de *Propos interrompu* le jeu n'es qu'une sorte de *coq-à-l'âne*.

Une personne demande tout bas à son voisin de droite

— *A quoi sert une tabatière ?*

Le voisin répond :

— *Elle sert à offrir du tabac.*

Puis il questionne à son tour la personne qui est aussi à sa droite en lui posant une autre demande :

— *A quoi sert une souricière ?*

Celle-ci dira :

— *Elle sert à prendre des souris.*

Chacun pose de la même manière une question différente à son voisin ou à sa voisine, et quand on a fait le tour de la société, la dernière personne qui est questionnée est celle qui a demandé d'abord : — *A quoi sert une tabatière?*

Et s'exprimant tout haut elle dit :

— Mon voisin de gauche me demande à l'instant tout bas : — *A quoi sert la royauté ?* Mon voisin de droite a répondu : — *Elle sert à offrir du tabac.*

— Moi, reprend le voisin interpellé, on m'a demandé : — *A quoi sert une tabatière ?* et l'on m'a répondu : — *Elle sert à prendre des souris,* etc.

Le propos interrompu est, comme on le voit, une

suite de réponses qui ne concordent plus avec les demandes et il donne lieu à des plaisanteries parfois inattendues.

LES PROVERBES EN ACTION

La pantomime rend les *Proverbes* très-amusants ; mais il faut les jouer avec esprit ou d'une façon comique.

Premier *Proverbe.*

Deux joueurs se saluent profondément. Après avoir recommencé plus d'une fois le même jeu, l'un deux écrit plusieurs mots détachés sur des petites bandes de papier et coupe ensuite chaque mot par moitié avec des ciseaux.

L'autre joueur reçoit les moitiés de papier avec affabilité, et semble dire que la chose lui suffit en cet état.

L'aréopage ayant demandé ce que cela signifiait, les joueurs répondirent :

Le *Proverbe* que nous avons donné est: *A bon entendeur demi-mot.*

Deuxième *Proverbe.*

Un joueur feint d'avoir un violent mal de dents, l'autre s'empresse de réunir un certain nombre de flacons de différentes dimensions, et il fait voir à la société qu'il a choisi le plus grand pour l'offrir au malade.

Cette épreuve n'ayant pas permis de deviner le *Proverbe*, voici la seconde :

L'un des acteurs traça sur une feuille de papier le mot *Rage* en gros caractères.

L'autre prit une feuille de papier trois fois plus grande que la première et y inscrivit en lettres monstrueuses le mot : *Saignée*.

Le *Proverbe* fut deviné.

C'était : *Aux grands maux les grands remèdes.*

On peut jouer le *Proverbe* comme la *Charade en action* avec des personnages joignant la parole aux gestes. La conversation, dans ce cas, égaye le jeu et donne aux spectateurs plus de facilité pour deviner le *Proverbe*.

LES QUATRE ÉLÉMENTS

Nous savons tous que les *quatre éléments* sont : l'*Air*, le *Feu*, la *Terre* et l'*Eau*.

On se lance à tour de rôle un mouchoir ou une pelotte de laine sur les genoux en disant :

— *Air !*

La personne qui reçoit le mouchoir doit répondre à ce nom d'élément par celui d'un habitant des airs : *Aigle, Mouche, Papillon, Perroquet*, etc.

— *Eau !*

Par le nom d'un poisson : *Baleine, Esturgeon, Merlan, Requin*, etc.

— *Terre !*

Par le nom d'un quadrupède, d'un quadrumane ou d'un bipède.

— *Feu !*

Ce dernier élément ne comporte pas de réponse. On donne un gage si l'on cherche quelque chose.

Au mot pluriel : *Eléments !* la personne désignée par le mouchoir doit nommer sans hésiter ce qui se meut dans l'*Air*, sur la *Terre* et dans l'*Eau*.

LE RETOUR DU MARCHÉ

— Je reviens du marché.

— Que rapportez-vous ?

— De la toile, un parapluie neuf, des fleurs, des légumes, des fruits, etc.

Les choses que l'on nomme à la société, il faut pouvoir les toucher au fur et à mesure qu'on en parle, autrement des gages sont demandés.

LA RIME

On convient de la donner sur-le-champ, ou bien à la fin d'une phrase.

Si la rime est immédiate, il faut trouver tout de suite

le mot dont le son s'accorde avec le dernier qu'on vient d'entendre :

PREMIÈRE PERSONNE.

— *Monsieur*, comment vous portez-*vous* ?

DEUXIÈME PERSONNE.

— *Nous* pouvons répondre : As-*sez* *bien* !

TROISIÈME PERSONNE.

— *Rien* n'a détruit notre san*té*.

QUATRIÈME PERSONNE.

— Gai*té* fut toujours ma de*vise*.

CINQUIÈME PERSONNE.

— B*rise* du soir toujours m'en*rhume*.

SIXIÈME PERSONNE.

— *Hume* le blanc d'un lait de *poule*.

SEPTIÈME PERSONNE.

— *Poule* au théâtre est un en*nui*.

HUITIÈME PERSONNE.

— *Nuit* complète et nul dans la *rue*.

NEUVIÈME PERSONNE.

— *Lue* on doit retourner la *page*.

DIXIÈME PERSONNE.

— *Rage* fait moins que pati*ence*, etc.

La personne qui, cherchant la rime, ne la trouve pas, est tout naturellement celle qui paye un gage.

La rime que l'on fournit à la fin d'une phrase, comme

en poésie, donne un peu plus de temps pour réfléchir ; mais il faut que la réponse s'accorde avec la demande.

Exemple : Un cavalier dit à une dame :

Permettez-vous qu'on vous embrasse ?
— Trop embrasser parfois nous lasse.

Et la dame qui vient de faire cette réponse demande à son tour à son voisin :

Trouvez-vous lestement la rime ?
— Oh ! je suis plus fort à l'escrime.

LE ROMAN IMPROMPTU

Faire un *Roman*, rien n'est plus aisé. Chacun a eu le sien dans la vie.

Le mot *impromptu* ne doit pas non plus éffrayer les joueurs qui n'ont rien à inventer, si ce n'est la continuation d'une histoire commencée.

Chaque joueur prend le nom d'un personnage du *Roman* ou bien consent à s'appeler : *Château* ou *tourelle*, *souterrain*, *pont-levis*, *rempart*, *chapelle*, *manoir*, *porche*, *sombre allée*, *forêt*, *pré*, *rivière*, etc.

Lorsque le narrateur s'arrête au *château*, ou s'il parle de la *tourelle* ou du *pont-levis*, le joueur désigné par ce mot continue le *Roman*, et l'abandonne quand il veut à un autre narrateur qu'il a soin de nommer dans sa dernière phrase.

LES RUBANS

On donne à tenir un ruban par un bout, à chaque personne de la société, et l'on dispose entre ses mains les extrémités de ces rubans.

Lorsqu'ils sont suffisamment tendus, on s'écrie :

— *Lâchez !*

Ceux des joueurs qui obéissent à cet ordre reçoivent un gage ; car il ne faut pas *lâcher* son ruban.

Si l'on dit :

— *Tirez !*

Il faut au contraire *lâcher* tous les rubans.

SAUVE QUI PEUT

Quelqu'un prenant l'air contrit s'exprime en ces termes :

— Avez-vous entendu parler du nouvel incendie qui a eu lieu ?

— Non.

— Je vais vous mettre au courant de la belle action d'un pompier qui a pu, à l'aide d'une échelle de cordes, parvenir au premier étage de la maison, puis au deuxième et enfin au troisième étage.

Au premier, les gens dormaient. Au second, il ne trouva qu'un chien qui hurlait ; au troisième, il n'y avait qu'une cage avec un serin qui chantait.

Alors notre brave pompier est redescendu au premier étage, et dans le but sans doute de réveiller les gens qui dormaient, il s'est écrié d'une voix terrible :

— *Sauve qui peut !*

A ces mots, toute la société change de place. Les joueurs qui restent tranquillement sur leurs siéges sont ceux que les gages atteignent à coup sûr.

LA SECONDE VUE

C'est le jeu du *Devin* qui a donné l'idée de la *Seconde vue.*

Notez bien que le mouchoir placé sur les yeux de la personne qui est censée avoir la *Seconde vue* n'est emprunté que pour mieux tromper la bonne foi des spectateurs qui sont portés à croire au somnambulisme.

La personne qui devine tous les objets qu'on lui désigne n'est pas somnambule ; mais elle sait par cœur le petit vocabulaire de mots dont nous donnons ci-après le classement. C'est celui que nous avons créé à l'époque où Robert Houdin faisait la *Seconde vue.* Il est bien entendu que la personne qui questionne l'autre doit connaître aussi la valeur des mots :

CHIFFRES.	MOTS CABALISTIQUES.	MOIS.	COULEURS.	CARTES.	MONNAIE.
1	Allons.	Janvier.	Bleu.	Carreau.	Or.
2	Bien.	Février.	Blanc.	Cœur.	Argent.
3	Cherchez.	Mars.	Rouge.	Pique.	Cuivre.
4	Devinez.	Avril.	Vert.	Trèfle.	Plomb.
5	Essayez.	Mai.	Noir.	As.	République.
6	Faites en sorte.	Juin.	Gris.	Roi.	Napoléon.
7	Nommez.	Juillet.	Violet.	Dame.	Louis XVIII.
8	Promptement.	Août.	Jaune.	Valet.	Charles X.
9	Répondez.	Septembre.	Brun.	Jeu.	Louis-Philippe.
10	Tâchez.	Octobre.	Cerise.	Brisque.	Étrangère.

Le tableau ci-contre renferme dix mots qui permettent de dire l'heure, de nommer toutes les pièces de monnaie, toutes les cartes à jouer, toutes les couleurs, les nombres, jusqu'au chiffre 19, et les 12 mois de l'année, en prenant deux mots à la fois.

Exemple :

— *Cherchez* l'heure à la montre qu'on m'a confiée.

— Trois heures.

— *Devinez* la carte que je tiens.

— Trèfle.

— *Nommez* le mois que l'on vient d'écrire.

— *Juillet.*

— *Allons !* cette monnaie.

— En or.

— *Tâchez* de désigner la couleur de ce châle.

— Cerise.

— *Devinez* la couleur de ce tapis.

— Vert.

— *Allons, bien, cherchez* cette nuance.

— Tricolore.

En effet, puisque les trois mots dits à la fois désignent le *bleu*, le *blanc* et le *rouge*, qui correspondent au n°s 1, 2 et 3 du tableau.

Si l'on veut faire nommer le mois de novembre, on prend les mots : *Allons, Tâchez*, qui font 11, et les mots *Bien* et *Tâchez*, pour désigner Décembre, qui est le 12ᵉ mois de l'année.

Au-dessus du chiffre 19 on se sert du complément de mots suivants :

20 — *Dites.*
30 — *Dites-moi.*
40 — *Dites-nous.*
50 — *Dites encore.*

Le baiser à la religieuse (p. 91).

60 — *Dites toujours.*
70 — *Dites vite.*

Ce complément de mots permet de deviner une in-
finité de choses que l'on classe dans des tableaux pareils
à ceux que nous offrons ci-après :

TABLEAU N° 1.

Chiffres.	MOTS.	OBJETS.
1	Allons.	Robe.
2	Bien.	Bonnet.
3	Cherchez.	Chapeau.
4	Devinez.	Châle.
5	Essayez.	Bottines.
6	Faites en sorte. . . .	Canne.
7	Nommez.	Parapluie.
8	Promptement. . . .	Epingle.
9	Répondez.	Aiguille.
10	Tâchez.	Dé.
11	Allons, tâchez. . . .	Etui.
12	Bien, tâchez.	Ciseaux.
13	Cherchez, tâchez. . .	Canif.
14	Devinez, tâchez. . .	Couteau.
15	Essayez, tâchez. . .	Rasoir.
16	Faites en sorte tâchez.	Trousse.
17	Nommez, tâchez. . .	Portefeuille.
18	Promptement, tâchez.	Cravate.
19	Répondez, tâchez. .	Bracelet.

TABLEAU N° 2.

Chiffres.	MOTS.	OBJETS.
20	Dites.	Instrument.
21	Dites allons.	Tabatière.
22	Dites bien.	Lunettes.
23	Dites cherchez. . . .	Mouchoir.
24	Dites devinez. . . .	Paletot.
25	Dites essayez. . .	Gilet.
26	Dites faites en sorte.	Pantalon.
27	Dites nommez. . . .	Bague.
28	Dites promptement. .	Montre.
29	Dites répondez. . . .	Chaîne.
30	Dites moi.	Meuble.
31	Dites-moi allons. . .	Rideau.
32	Dites-moi bien. . . .	Tapis.
33	Dites-moi cherchez. .	Pendule.
34	Dites-moi devinez. .	Flambeau.
35	Dites-moi essayez. .	Crayon.
36	Dites-moi faites en sorte. .	Plume.
37	Dites-moi nommez. .	Papier.
38	Dites-moi promptement. .	Encrier.
39	Dites-moi répondez. .	Livre.

LE SECRÉTAIRE

Le jeune homme qui accepte l'emploi de *secrétaire* distribue des bulletins blancs à tous les joueurs. Ceux-ci y inscrivent leur nom en tête.

Tous les bulletins ainsi préparés sont repris par le *secrétaire*, qui vérifie l'exactitude des noms. Il les mêle et les distribue ensuite au hasard, pour que chacun écrive en dessous du nom ce qu'il pense de la personne.

Les compliments reviennent de droit aux dames et aux demoiselles; mais il n'en est pas de même à l'égard des cavaliers, qui sont souvent fort maltraités.

S'il arrive qu'un joueur soit rentré en possession de son bulletin, il peut s'adresser des louanges tout à son aise; mais gare à lui, si c'est le voisin qui a reçu le bulletin sur lequel sa plume peut s'escrimer.

C'est le *secrétaire* qui doit lire à haute voix le contenu de chaque bulletin sans laisser voir l'écriture. Il les détruit tous après pour qu'on n'inquiète pas les auteurs.

LA SELLETTE

Si quelqu'un ne se dévoue pas, on tire au sort parmi les noms celui de *l'accusé* qui doit s'asseoir sur *la sellette*.

— *Pourquoi l'accusé est-il sur la sellette?*

Telle est la demande de *l'accusateur.*

Chaque joueur fait une confidence à *l'accusateur*, qui a le soin de les entremêler pour qu'on en méconnaisse les auteurs.

— *L'accusé*, dit-il, est sur *la sellette*, parce qu'il est *ombrageux, méticuleux, sournois, trop coquet*, parce qu'il *a mal noué sa cravate*, parce qu'il *a un vilain faux col*, parce qu'il est *joueur, fantasque, trop bon, trop vieux*, etc.

Si *l'accusé* parvient à découvrir l'auteur de l'une de ces confidences, il l'oblige à prendre place à son tour sur *la sellette.*

LA TAUPE

Aucune difficulté ne se présente à ce jeu, où il faut seulement savoir *fermer les yeux* toutes les fois qu'on parle de la fourrageuse des champs.

— Connaissez-vous la *Taupe?*

— Oui, je la connais.

— Vous l'avez vue?

— Certainement.

— Savez-vous ce qu'elle fait?

— Elle ferme comme moi les yeux.

— Et le mulot, que fait-il?

— Rien. (Le joueur ouvre les yeux.)

— Et la musaraigne ?

— Rien.

— Mais avec la *Taupe*.

Au mot de taupe, le joueur referme les yeux.

LA TOILETTE DE MADAME

A ce jeu chaque personne prend le nom d'un objet de toilette : *Robe, Cachemire, Collier, Bracelet, Ruban, Boucles d'oreilles, Chignon, Pommade, Peigne d'écaille*, etc.

Tout le monde s'assied pour jouer à *la Toilette de madame ;* mais on ôte d'avance un des siéges pour qu'une personne reste debout.

Cette personne, c'est *madame J'ordonne*. Si elle tient à s'asseoir, il suffit qu'elle dise :

— Madame demande sa *robe*.

La robe cède sa place à *madame J'ordonne* et prend son emploi.

— Madame demande son *chignon*.

Le chignon devient à son tour *madame J'ordonne*.

— Madame demande *toute sa toilette*.

A ces mots, tout le monde se lève et change vivement de place.

La personne qui n'a pas eu la chance de se placer est forcément *madame J'ordonne*.

LES TROIS RÈGNES

Une personne se charge de deviner un objet, le nom d'un meuble, celui d'un roi, d'un savant illustre ou d'un écrivain connu ou d'un grand personnage, au moyen des questions suivantes :

— A quel *règne* appartient-il? Est-ce au règne animal?

— Oui.

— Existe-t-il encore?

— Non.

— Était-ce un conquérant?

— Non.

— A-t-il fait une découverte?

— Oui.

— Vivait-il sous Louis XVI?

— Oui.

— Il a introduit la pomme de terre en France.

— Oui.

— C'est *Parmentier*.

Il va sans dire que l'on n'a pas le droit de changer le nom du personnage ou de l'objet choisi au commencement du jeu. Tout le monde doit s'entendre à ce sujet.

S'il s'agit d'une chose appartenant au *règne minéral* ou *au règne végétal*, on la devine de la même façon en posant de son mieux les questions nécessaires.

LA VOLIÈRE

Le *maître* de *la Volière* ayant demandé tout bas à chaque joueur le nom de l'oiseau qu'il préfère, dresse une liste de tous ces noms d'oiseaux et la proclame ensuite à l'assemblée :

— Ma *Volière* est composée d'un *Paon*, d'un *Serin*, d'un *Canard*, d'une *Mésange*, d'un *Roitelet*, d'une *Fauvette*, d'un *Rossignol*, d'un *Chardonneret*, d'une *Alouette*, d'une *Perdrix*, d'une *Caille*, d'un *Coq*, d'une *Poule*, d'une *Pintade*, d'une *Cane*, etc.

Puis s'adressant à une personne :

— *Auquel de mes oiseaux donnez-vous votre cœur ? — Auquel confiez-vous votre secret ? — Auquel arrachez-vous une plume ?*

La personne interrogée peut répondre :

— *Je donne mon cœur à la Fauvette. — Je confie mon secret à l'Alouette. — J'arrache une plume au Paon.*

Le *maître* de la *Volière* questionne successivement les autres joueurs, et quand tout le monde a répondu, le jeu a pour résultat de faire connaître que l'on doit embrasser la personne à laquelle on a *donné son cœur*, faire une *confidence* à celle à qui revient le *secret*, et réclamer un gage à l'oiseau auquel *on a arraché une plume*.

PÉNITENCES

Tous les gages ayant été mêlés avec soin pour qu'on ne les reconnaisse point, une dame s'en constitue la gardienne en les plaçant sur son giron. Elle désigne pour les tirer au sort la personne qui en a le moins donné.

On prend donc au hasard un des gages, et la société décide, sans avoir vu ce gage, que le joueur auquel il appartient fera telle pénitence, si c'est une dame ou une demoiselle, et telle autre si c'est un cavalier.

L'ACROSTICHE

On l'ordonne en plusieurs circonstances. Si l'on a pour pénitence de faire un *compliment* à une dame, elle peut exiger l'*acrostiche* avec les lettres de son nom ou bien avec celles d'un mot donné.

Voici des modèles d'*acrostiches* avec différents noms :

A Mlle Blanche.

Blanche est le nom de jeune fille,
Ce nom de fleur fraîche et gentille,
Ah ! qu'il est doux à prononcer !
Ne plait-il pas à retracer ?
C'est le nom de la pâquerette
Habitante des prés… seulette,
Elle nous oblige à penser.

A Mme Mélite L…

Mélange de douceur et de mélancolie,
Esprit de charité, rameau souple qui plie,
Ce portrait de *Mélite* est ici retracé ;
Il a souffert du temps ; mais rien n'est effacé.
Toute sa vie, hélas ! a vu couler ses larmes,
Et pas un de ses pleurs n'a su ravir ses charmes.

L'*acrostiche* fournit quelquefois des lettres à l'*Epigramme*.

Si la société décide que l'on débutera par un *Compliment* pour finir par une *Épigramme*, on prend ordinairement les lettres de l'alphabet, exemple :

COMPLIMENTS.	ÉPIGRAMMES.

Monsieur vous êtes

Aimable.	Acariâtre.
Beau.	Boudeur.
Caressant.	Contrariant.
Diligent.	Dédaigneux.
Érudit.	Étourdi.
Fort.	Faible.

L'AUMONE

Le *Pénitent* se met aux pieds d'une dame et soupire à la façon du pauvre qui attend une *aumône*.

— *Que voulez-vous ? Du pain ? de l'argent ?*

S'il dit :

— Un baiser.

Et que la dame lui réponde :

— Je ne peux rien pour vous.

Il s'adresse à une autre dame jusqu'à ce qu'il en trouve une assez bonne, assez charitable pour lui donner ce qu'il demande à genoux.

L'AUNE DE RUBAN

Elle se mesure de la façon suivante :

On prend les mains de la dame et l'on tend ses bras de manière à se rapprocher d'elle pour l'embrasser autant de fois que l'on fait d'aunes ou de mètres de ruban.

LE BAISER A LA CAPUCINE

Un jeune couple s'agenouille dos à dos. Il faut que le cavalier penche la tête en arrière pour effleurer d'un baiser la joue de sa compagne si elle veut bien s'y prêter.

LE BAISER A LA RELIGIEUSE

Il se donne à travers les barreaux, plus ou moins serrés, d'une chaise, ce qui n'est pas très-avantageux pour le *Pénitent* qui est à genoux.

LE BAISER AU HASARD

Le cavalier choisit les quatre rois et les quatre dames d'un jeu de cartes. Il laisse prendre trois rois aux cavaliers et distribue les autres cartes à quatre dames de la société.

S'il a le roi de cœur, il embrasse la personne qui a pris la dame de cœur, sinon c'est le cavalier qui le possède qui profite du *Baiser au hasard*.

LE BAISER DE LIÈVRE

Un fil tenu de part et d'autre dans les dents, tout en rapprochant les distances, oblige deux bouches à se rencontrer et le *Baiser de lièvre* s'accomplit.

BAISER LES QUATRE COINS

On place quatre dames aux quatre angles du salon, et puis on les embrasse l'une après l'autre.

LE BAISER TROMPEUR

La dame fait un pas vers le *Pénitent* en lui laissant croire qu'il va l'embrasser, puis elle se retourne vivement du côté d'un autre cavalier auquel la préférence est accordée.

LE BERCEAU D'AMOUR

Après avoir fait choix d'une dame ou d'un cavalier, on se place au milieu du salon, et les deux bras se joignant en l'air on forme un *Berceau*.

Toutes les personnes que l'on appelle sont tenues de faire la même chose ; mais avant de traverser le *Berceau d'amour*, il faut que chaque couple s'embrasse. A cet effet, on le retient captif un instant en baissant les bras pour que la prétendue pénitence s'accomplisse. On relève les bras aussitôt que la chose est terminée, et le couple qui a passé le premier berceau en forme un second. Un autre couple en dessine un troisième à côté du précédent, et ainsi de suite jusqu'à ce que tout le monde ait participé au même jeu.

Disons qu'elle est bien douce, la pénitence ; car les cavaliers qui ont à franchir sept ou huit *Berceaux d'amour* s'embrassent autant de fois qu'on les retient prisonniers.

Ce n'est qu'en fin de compte que le premier *Berceau* peut jouir du droit dont tant d'autres semblent avoir abusé.

BOUDER

Le *Boudeur* nomme tout bas à quelqu'un la personne qu'il désire embrasser. Toutes les dames se présentent à tour de rôle. Il les *boude* en leur tournant le dos jusqu'à ce qu'il ait enfin devant lui l'objet de ses vœux.

LES BOUTS RIMÉS

On ne donne cette *pénitence* qu'à la personne qui sait versifier. Il s'agit de compléter chaque vers dont la rime seule est fournie au *Pénitent.*

Les mots les plus baroques sont quelquefois choisis par la société pour nous embarrasser.

En voici quatre qui n'ont rien d'extraordinaire ; mais ils seront suivis de six mots qui demandent plus d'application pour leur donner du sens.

Mots donnés par Mme la baronne de S...

    amie
    chérie
    charmant
    dormant

Heureux celui qui peut vous nommer son *amie*
Au doux titre d'épouse ou bien de sœur *chérie !*
Car le nom de *Marie* est d'un emploi *charmant.*
Pour le dire, on s'éveille, on le dit en *dormant.*

Mots donnés par plusieurs personnes.

    Nadar
    Nénuphar
    Rome
    homme
    Nicolet
    plait.

Mesdames, je voudrais saisir comme *Nadar*
Vos séduisants portraits plus beaux qu'un *Nénuphar ;*
Mais mon art n'est pas né sous les arceaux de *Rome,*
Et mon pinceau ne sait pas même peindre l'*homme.*
On ne dit pas de moi : C'est maître *Nicolet ;*
Je serai trop heureux si mon sixain vous *plait*

LA CHANSON

La personne qui reçoit celte *Pénitence*, si elle ne sait pas composer, peut chanter une romance ou la jouer sur le piano.

Le poëte sera mis à contribution : *Noblesse oblige.*

E

On *l'improvise* en vers ou en prose, et la société la devine si elle le juge à propos.

PREMIÈRE CHARADE

Fort souvent mon premier remplace la parole
    Pour exprimer un sentiment
    De tristesse ou bien de tourment
    Lorsque notre âme se désole.
    De mon second, si votre goût raffole
Vous pouvez diviser sa tête à volonté
    Comme l'on divise une orange.
    Mon tout est l'ouverture étrange
D'où Bacchus aperçoit le ciel qu'il a quitté.

Le mot est : *Soupir-Ail.*

DEUXIÈME CHARADE

Mon premier dans le monde a causé plus d'alarmes
    Que mon second n'en causera.

Pour le cœur d'un chrétien la prière a des charmes,
Et s'il est mon entier le ciel l'exaucera.

> Le mot est : *Fer-vent.*

TROISIÈME CHARADE

L'aigle atteint mon premier lorsqu'il franchit les monts.
Sur mon second se meut un essaim de démons
     Qui n'ont point le même langage ;
Mon tout frappe et répand l'effroi sur son passage.

> Le mot est : *Cime-terre.*

QUATRIÈME CHARADE

Mon premier ne provient de plant ni de semence,
Parasite, il s'attache aux géants des forêts.
Mon second, un déchet, un poids dans la balance.
Les sons de mon entier ont perdu leurs attraits.

> Le mot est : *Gui-tare.*

CINQUIÈME CHARADE

Mon premier, dans Paris, que le public encombre,
Reçoit de tous pays des richesses sans nombre.
Jadis chantre inspiré des Celtes, des Gaulois,
Mon second, des héros célébrait les exploits ;
Il eut aussi son rang dans le sein de l'Ecosse.
     Mon entier ne vaut pas la crosse ;
Mais, grâce à lui, du pauvre on reconnaît les droits.

> Le mot est : *Halle-Barde.*

LE CHEVAL D'ARISTOTE

Cette *Pénitence* peu avantageuse consiste à faire le

cheval et à porter sur son dos une dame que l'on conduit devant chaque cavalier pour qu'il l'embrasse.

Le berceau d'amour (p. 92).

LE CHEVALIER DE TRISTE FIGURE

Le *Pénitent* reçoit une dame sur le bord de ses genoux, et celle-ci appelle un cavalier qui l'embrasse et la reconduit ensuite à sa place.

LA COMPARAISON

Elle a lieu en établissant la ressemblance et la différence qui existent entre tel objet et telle personne.

La *Comparaison* a toujours pour but de complimenter la personne, surtout si c'est une dame.

— Je *compare* madame à *l'aubépine en fleur*, parce que madame est blanche comme du satin, et qu'elle porte une robe rose. La *différence* entre les deux fleurs, c'est que l'une plaît au printemps, et que madame plaît en toute saison.

LE COMPLIMENT

Il se tourne de la façon qu'on le demande : en vers ou en prose. Il peut être adressé à une dame, à un cavalier, ou à toutes les personnes présentes.

On exige quelquefois le *Compliment* à voyelle retranchée. Par exemple, une improvisation où la voyelle A sera bannie.

— Je ne puis, mademoiselle, vous *aimer* sans A ; cependant je vais essayer :

> Je vous chéris du fond du cœur
> Plus qu'une mère et qu'une sœur.

— Faites en sorte de parler de la *Nature* sans la nommer, dans un quatrain où la lettre A sera supprimée :
— Le voici :

> Destin, c'est toi qui renouvelles
> L'herbe des prés, celle des bois,
> L'onde pure et ce que je vois
> Briller sur les fleurs les plus belles.

— Trouvez un compliment pour madame avec les lettres : **T. L. G. E. V. S. R.**
— Je trouve :

> Toutes Les Grâces En Vous Sont Réunies.

LA CONFESSION

Le *Pénitent* peut choisir son *confesseur* ; mais il faut qu'il réponde tout haut à l'examinateur de sa conscience :
— Quels sont vos défauts ? Ne mentez pas ! — Nommez vos qualités. — Qu'aimez-vous ? — Qui détestez-vous ?

LA CONFIDENCE

Elle est inutile si ce que l'on dit tout bas à quelqu'un manque de sel ou d'à-propos. On la donne sous forme satirique au cavalier ; mais il faut tâcher qu'elle soit agréable à la dame qui la reçoit.

La *confidence qui court* est celle qu'on dénature malicieusement en route pour qu'elle soit désavouée par son auteur quand on la lui répète :

— Ce n'est pas cela, s'écrie-t-il : on me parle de la corpulence de monsieur, tandis que j'ai vanté son esprit.

LES CONSEILS

Il est bon de savoir les donner ; car c'est un art fort difficile. Faisons donc notre pénitence :

PREMIER CONSEIL.

— Je vous donne le *Conseil*, monsieur, de ne point regarder madame.

— Pourquoi ?

— Parce que son regard a le don de faire fondre celui des imprudents qui regardent le soleil.

DEUXIÈME CONSEIL.

—Mademoiselle, si la chose était possible, je vous donnerais le *Conseil* de ne plus plaire.

TROISIÈME CONSEIL.

— Monsieur, si vous ne preniez pas mon *Conseil* en mauvaise part, je vous dirais : Parlez peu.

— Cependant…

— Je sais que vous êtes très-sobre de paroles dans vos discours ; mais permettez-moi d'ajouter que l'homme érudit qui, comme vous, sait écrire, peut se dispenser de parler.

LA DÉCLARATION D'AMOUR

Elle se fait aux genoux d'une *dame* qui l'impose comme elle veut. La plus romanesque est quelquefois la mieux réussie.

Nous offrons quelques vers pour en fournir une idée :

PREMIÈRE DÉCLARATION.

> Comme autant de longs fils de soie
> Mes jours sont liés à tes jours.
> Tu fais mes pleurs, tu fais ma joie,
> Ma pensée et mes seuls amours.

DEUXIÈME DÉCLARATION.

> Je t'aime jour et nuit, la nuit fait ma souffrance ;
> Le jour naît ; mais il meurt avec mon espérance.
> O rose, si ton cœur est de marbre pour moi,
> Je percerai le mien pour qu'il soit froid pour toi.

TROISIÈME DÉCLARATION.

On a exigé pour celle-ci la suppression de la voyelle U, et cependant il faut que le mot *Amour* s'y trouve, et qu'elle soit signée :

> Ma *pénitence* est faite en écrivant *Amor*
> Le latin dépeindra ma flamme,
> Et sans compromettre mon âme
> Je signe : Ton fidèle *Azor*.

L'EMBLÈME

On choisit ce que l'on veut pour l'offrir comme *Emblème* à quelqu'un.

— Je vous donne, mademoiselle, cette simple *violette* qui, comme vous, attire vers elle parce qu'elle est l'*Emblème* de la modestie.

EMBRASSER LE DESSOUS DU FLAMBEAU

Le *Pénitent*, ne le plaignez pas, place le flambeau au dessus de la tête d'une dame qu'il embrasse.

EMBRASSER LE FLAMBEAU

On prie une dame ou une demoiselle de tenir pendant une minute une bougie allumée. Cette personne, par le fait, devient le flambeau qu'il est doux d'embrasser.

EMBRASSER, SANS QUE CELA PARAISSE, LA PER-SONNE QUE L'ON AIME LE MIEUX

On embrasse, l'une après l'autre, toutes les dames et les demoiselles de la société.

EMBRASSER SON OMBRE

C'est moins satisfaisant. On passe devant la lumière qui reflète sur le mur l'ombre à laquelle on donne un baiser.

L'ÉNIGME

On la donne à deviner au *Pénitent*. Prenons les suivantes pour exemple :

PREMIÈRE ÉNIGME.

Je suis ce qui ne fut jamais.
Le mot est *Toujours*.

DEUXIÈME ÉNIGME.

En me nommant l'on me rompt.
Le mot est *Silence*.

TROISIÈME ÉNIGME.

Quel est le chemin plus ou moins long qui conduit
au même but :

Ce chemin inégal, cette route suivie
Par les pauvres mortels, courte ou longue : est la vie.

L'ÉPITRE INCOMPLÈTE

Elle doit être écrite dans un sens frondeur ou accusateur. Par un complément adroit, on détruit ensuite ce
qu'elle avait de méchant.

ÉPITRE INCOMPLÈTE.

Je déteste la femme
Elle fait son malheur
Car elle n'a point d'âme
Et vend parfois son cœur.

ÉPITRE COMPLÈTE.

Je déteste la femme — amante du plaisir ;
Elle fait son malheur — et le tourment des hommes ;
Car elle n'a point d'âme — elle cède au désir
Et vend parfois son cœur — véreux comme les pommes.

ÊTRE A LA DISCRÉTION DE LA SOCIÉTÉ

C'est faire tout ce qu'on exige de nous.

L'EXIL

La personne condamnée à l'*Exil* peut le subir pendant
la durée d'une, deux ou trois *Pénitences* des autres
joueurs. Elle se tient à l'écart dans un coin du salon,
jusqu'à ce que le temps de son *exil* soit passé.

LA FABLE

On ordonne aux poëtes la *Chanson* aussi bien que la
Fable.

Cette dernière nous fut imposée certain soir avec son titre connu : *le Corbeau et le Renard.*

C'était difficile de créer quelque chose après la Fontaine ; mais qui ne risque rien n'a rien. Cette fable, au surplus, n'étant pas notre coup d'essai, puisque nous en en avons publié plusieurs volumes, nous ne craignons pas de l'offrir.

Le Corbeau et le Renard.

> Le corbeau s'était envolé
> Bien loin, tout au bout du village,
> Pour manger un nouveau fromage
> Qu'à la ferme il avait volé !
> Il ne se percha point cette fois sur un arbre,
> Mais sur un grand poteau placé près du chemin.
> Le renard sort du bois, et s'approche soudain,
> Tandis que le corbeau reste froid comme un marbre :
> — On ne m'y prendra plus ! fit-il ; je l'ai juré !...
> Cependant le renard semble comme atterré ;
> Ses yeux sont remplis de tristesse.
> A deux pas du poteau, l'air confus, il se dresse
> Et place sur son cœur ses deux pattes en croix ;
> Puis en baissant la tête il s'accusa trois fois,
> En disant : C'est ma faute ! Au ciel je me confesse
> D'avoir dupé certain corbeau
> Auquel j'ai fait accroire, hélas ! qu'il était beau
> Pour mieux lui ravir son fromage.
> Ah ! c'est bien mal d'avoir menti !
> Le remords m'atteint avec l'âge ;
> Je ne veux pas mourir sans m'être repenti
> De la fraude et de mon langage :
> *Mea culpa !... Mea culpa !...*
> Le repentir parfois porte plus loin qu'une arme.
> Le corbeau tout pensif laissa fondre une larme,

Et de son cœur ému le regret s'échappa :
    — Je passe pour être vorace,
    Et j'ai commis plus d'un larcin ;
    Si j'implorais aussi ma grâce
    Afin de mourir comme un saint ?
Pour mieux parler son bec s'entr'ouvre,
Et le fromage tombe aux pieds du fin renard
Qui lui dit en levant son museau de cafard :
— Je t'ai trompé, mon cher !... Jamais on ne découvre
    Toutes les ruses de notre art.
Va ! ce n'est rien pour toi, qui n'as pas longue jupe,
    Que d'avoir été deux fois dupe :
    L'homme crédule et confiant
    Au même piége est pris souvent.

FAIRE UN BOUQUET

On cueille censément trois fleurs, et l'on attribue leurs noms à trois dames de la réunion. On désigne ensuite quelqu'un comme étant le *lien* de ces trois fleurs que l'on place dans un vase de *valeur* en nommant une dernière personne.

FAIRE LE CONTRAIRE DE CE QUI EST DIT

C'est embrasser une dame si elle nous dit que la société l'a défendu.

FAIRE LE MUET

Celui qui fait le *Muet* exécute sans parler tous les ordres qu'on lui transmet par signes.

FAIRE UNE VÉNUS

On emprunte à chaque dame présente une qualité physique ou morale, et du tout on forme une *Vénus* parfaite.

LA FRANCHISE

On dit tout haut les défauts et les qualités de chaque personne de la société.

Les qualités on les trouve facilement; les défauts encore mieux. Mais il convient, comme dans la *Pénitence* des *Conseils*, de savoir en tirer un parti convenable et de montrer une *Franchise* qui ne blesse personne.

LE MOT CARRÉ

De prime abord cette petite récréation peut présenter des difficultés. Les exemples que nous offrons prouvent que rien n'est introuvable :

AVEC TROIS LETTRES.

    A I L   A M E   B A R   C O R
    I L E   M E R   A L I   O H O
    L E X   E R E   R I Z   R O I

    E V A   F I L   P A L   P I C
    V A R   I R A   A N E   I L E
    A R A   L A I   L E Z   C E P

    P O T   R A T   T O M   Z U T
    O U I   A L E   O I E   U R I
    T I N   T E R   M E R   T I R

AVEC QUATRE LETTRES.

    C E R F   G R A S
    E T A I   R A T E
    R A V E   A T R E
    F I E L   S E E S

AVEC CINQ LETTRES.

    G A M I N   O R P I N
    A M I C O   R O U L E
    M I L A N   P U N I R
    I C A R E   I L I C O
    N O N E S   N E R O N

AVEC SIX LETTRES.

O R A N G E
R A M E A U
A M E N E R
N E N I L O
G A E L I P
E U R O P E

MOTS RÉPÉTÉS EN CROIX.

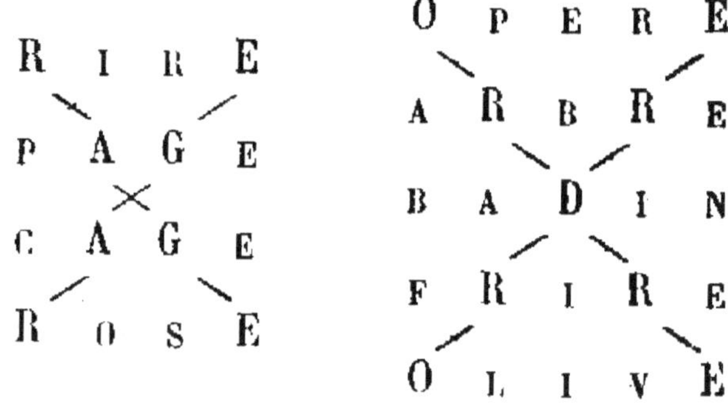

LE PÈLERINAGE

Comme un pauvre *Pèlerin*, le cavalier, qui a fait choix d'une sœur quêteuse, la présente à chaque personne de la société en disant aux jeunes gens ou aux vieillards :

— *Un petit morceau de pain pour moi ; un baiser pour ma sœur, s'il vous plaît !*

— *Dieu vous assiste !*

Répondent les joueurs; mais ils ne refusent pas le baiser à la dame.

Lorsque le *Pèlerin* s'adresse à une dame, il retourne la demande :

— *Un baiser pour moi, s'il vous plaît! un petit morceau de pain pour ma sœur.*

LA PENDULE

La personne désignée pour faire la *Pendule* se place devant la cheminée. Elle appelle, si c'est une dame, un cavalier qui lui demande :

— *Quelle heure est-il?*

La dame pour n'être embrassée qu'*une* fois répondra :

— *Une heure.*

Mais si c'est un cavalier qui fait la *Pendule*, il ne manquera pas de répondre à la dame qui lui demandera l'heure :

— *Onze heures* ou bien *midi.*

Midi indiquant le nombre *douze*, il embrassera *douze* fois la dame.

LE PERROQUET

Il faut dire :

— *Si j'étais perroquet, que feriez-vous de moi?*

— Je vous apprendrais à répéter : *Jacquot, as-tu déjeuné ? — Portez, arme ! — Ran-plan-plan*, etc.

Chaque chose énoncée, le *Perroquet* doit la contrefaire. Si une dame dit :

— *Baisez maîtresse !*

Le *Perroquet* est dispensé de répéter la phrase, mais il embrasse la dame.

PETIT PAPIER

— *Que feriez-vous de moi, si j'étais petit papier ?*
Chaque personne dit son mot :

— Je ferais de vous un billet d'adieu — un billet de banque — une lettre d'invitation — un mot galant — une papillote, etc.

Il ne faut rien répéter.

PINCE SANS RIRE

Deux cavaliers doivent se regarder *sans rire*.

Cette défense est impossible à observer attendu que la personne qui les a placés en face l'un de l'autre leur pince de temps en temps le nez avec ses doigts, qui ont été trempés dans du noir de fumée.

Le premier des patients qui voit que son camarade a

le nez tout barbouillé de suie ne peut plus tenir son sérieux.

Le second qui ignore le motif pour lequel l'autre perd

Visage de bois (p. 122).

contenance, éclate de rire à son tour quand il remarqué le visage de nègre de son vis-à-vis.

C'est la pelle qui se moque du fourgon

LE POISSON

Cette *Pénitence* n'est pas ancienne ; mais elle est trop comique pour que nous oubliions de la donner.

Quelqu'un monte sur une chaise ou un fauteuil et tient au bout d'une ligne improvisée un massepain, un macaron ou toute autre gourmandise appelée petit four.

Le *Pénitent*, qui fait le *Poisson*, a les mains derrière le dos et cherche à saisir avec sa bouche l'appât qui lui est tendu. Il y réussit avec peine.

Nous offrons une fable à ce sujet :

L'Amorce.

Coiffé d'un bonnet de coton,
Un homme qui singeait Jocrisse,
Débitait en plein vent des parts de pain d'épice.
— Qu'il a l'air bête ! disait-on.
Il ne faut pas toujours juger l'arbre à l'écorce ;
Car le rustre était fin. La bêtise est l'amorce
Qui prend les gens d'esprit au bout de son bâton.
Or notre homme tenait certaine canne à pêche
Et criait aux passants : — Allons ! qu'on se dépêche
D'accourir auprès du marchand !
Ce qu'il ne vend pas il le donne,
Et ne donne pas ce qu'il vend.
Prenez des numéros, sa loterie est bonne.
Mais avant tout il veut régaler les enfants.
Avancez ! les petits. Et vous aussi, les grands !
La fortune ne vient qu'à celui qui la cherche ;
Sachez la saisir à propos.

Quelquefois elle fuit ; c'est l'appât de ma perche
    Qui fait sourire les badauds...
Mes enfants, que chacun mette les mains au dos...
    Formez le cercle... ouvrez la bouche...
    Ma ligne court... Elle vous touche...
Saisissez donc !... Trop lent !...Trop vite !... Ah. quel ennui!
Sans être pris, l'appât de bouche en bouche glisse :
    — Vous ne l'aurez pas aujourd'hui.
— C'est pour moi ! — C'est pour toi ! — Non, ce n'est pas
                        [pour lui !...

    Et comme Tantale au supplice,
    Les enfants tour à tour bernés,
    Reçoivent l'appât sur le nez
    Sans pouvoir mordre au pain d'épice.

    La convoitise a des revers
    Que l'homme s'attire à tout âge.
    On n'a pas toujours le courage
    De dire : Les raisins sont verts,
    Surtout s'ils ont la peau vermeille
    Et s'ils tentent notre regard.
    On mesure parfois la treille
    Un peu plus haut que le renard ;
Vouloir atteindre à tout est la folie humaine,
Et sans toucher au but, on perd souvent sa peine.

LE PONT D'AMOUR

A l'instar du *cheval d'Aristote*, le *Pénitent* reçoit sur
son dos un couple qui s'y repose et s'embrasse après
avoir causé familièrement.

Il ne faut pourtant pas abuser trop longtemps du *Pont
d'amour*.

LE PORTIER DU COUVENT

Placé à la porte d'une chambre dans laquelle une dame est entrée, le *Pénitent* attend que cette dame veuille bien frapper à la porte qu'il tient fermée.

— *Que demandez-vous, ma sœur?*

— *Je demande frère un tel.*

Frère un tel est introduit au *Parloir*, et la dame en sort après y avoir reçu un baiser.

Il demande à son tour sœur Rosalie ou sœur Marie, et chaque personne introduite fait de même jusqu'à ce que tout le monde ait pénétré dans le *Parloir* et y ait été embrassé.

Le pauvre *Portier* n'a d'autre agrément que celui d'ouvrir et de fermer la porte, au gré des joueurs.

Si quelqu'un demande *tout le Couvent*, la pénitence du *Portier* s'achève d'un seul coup.

On n'a pas le droit de se faire embrasser *par le Portier du Couvent* par la raison qu'il n'est pas admis au *Parloir*.

Si on enfreint le règlement, on donne un gage et l'on prend la place de celui que l'on a avantagé.

QUINZE EN CHIFFRES

Avec les chiffres 1-2-3-4-5-6-7-8-9 il faut faire 15 en
tou: sens :

MOYEN POUR RÉUSSIR

CHIFFRES PAIRS.   CHIFFRES IMPAIRS.

```
  2  .  4                        .  9  .
  .  .  .                        7  5  3
  6  .  8                        .  1  .
```

CHIFFRES RÉUNIS.

```
        2  9  4
        7  5  3
        6  1  8
```

LE ROI DE MAROC

Deux personnes accomplissent la *Pénitence :*
Chacune tient un flambeau avec une bougie allumée
et marche à pas comptés à la rencontre de l'autre.

— *Vous savez la nouvelle ?*
— *Hélas !*
— *Le roi de Maroc est mort !*
— *Hélas !*
— *Et enterré !*

— *Hélas !*

— *Il s'est coupé le cou d'un coup de coutelas.*

— *Hélas ! hélas ! hélas ! et quatre fois hélas !*

LE RONDEAU.

Boileau a dit :

Le *Rondeau* né gaulois a la naïveté.

Le nôtre sera-t-il naïf ; je n'en sais rien.

> *Faire un rondeau* pour pénitence,
> C'est moins long qu'une contre-danse
> Que l'on accomplit pas à pas.
> Le premier ne fatigue pas,
> Je lui donne la préférence.
>
> L'esprit gaulois qui règne en France
> Rit des longs morceaux d'éloquence ;
> Car on peut bien sans dire : hélas !
> *Faire un rondeau.*
>
> Il a pourtant son importance,
> Sa mesure avec sa cadence ;
> S'il ne prend point tous ses ébats,
> Il sait se produire ici-bas.
> J'ai dû pour fêter sa naissance
> *Faire un rondeau.*

LE SOLDAT PRUSSIEN

Le *Soldat prussien* est tenu de s'affubler d'une façon grotesque, et n'a pour fusil qu'un manche à balai.

Un officier lui commande l'exercice. Chaque fois que cet officier s'apprête à embrasser une dame, il dit au *Soldat prussien* :

— Présentez, arme !

LE SONNET.

Un *sonnet* sans défauts vaut seul un long poëme ;

C'est encore Boileau qui nous l'apprend.

J'ignore si celui qu'on va lire sera du goût des exigeants ; mais à coup sûr il est original et pourra bien être une véritable *pénitence* pour quiconque voudra en composer un semblable :

L'onde
Suit,
Fuit,
Gronde.

Monde
Luit;
Nuit
Fronde.

Sort
Mord
L'homme;

Toi
Comme
Moi.

SOUFFLER LA BOUGIE

Il faut souffler une bougie que quelqu'un nous passe rapidement devant le nez. Ce n'est pas toujours fort aisé. Le *Pénitent* l'apprend quand sa bouche s'y exerce.

LE SOUFFLET DONNÉ ET RENDU

La plaisanterie ici n'est autre que celle exécutée jadis par le duc de Roquelaure, qui prit le *soufflet* du roi pour le donner à la duchesse.

SOUPIRER

On pousse un profond *soupir* pour être interrogé.
— *Que demandez-vous ?*
On nomme une dame qui vient aussitôt, et on l'embrasse. Elle se place devant le cavalier pour en appeler un autre qui accourt l'embrasser et qui *soupire* bientôt pour une autre dame.

Quand tous les *soupirants* sont sur la même ligne, le premier quitte sa place pour embrasser toutes les dames.

LA STATUE

Différentes poses sont demandées à la *Statue*, qui doit d'abord monter sur un tabouret et se tenir un pied en l'air, comme le génie de la Liberté.

LE TESTAMENT

On lègue à la société tout ce que l'on possède, au moral comme au physique.

Le champ, comme on le voit, est vaste et peut prêter à la plaisanterie.

On fait aussi son *Testament* en ayant un bandeau sur la vue.

— *A qui donnez-vous cela ?*

Le joueur qui adresse la demande l'accompagne de gestes significatifs que le *testateur* ne voit pas.

Il en résulte que ce dernier apprend bientôt qu'il a donné une *pichenette* sur le nez à mademoiselle, un *croc en jambe* à *monsieur* et un *coup de pied* à madame.

S'il s'agit d'un *baiser*, le *Testateur* ne le donne pas toujours à une dame ; c'est là le côté cruel de la pénitence.

LE TRACAS DE POLICHINELLE

La dame qui accomplit d'habitude cette pénitence est tenue de recevoir un baiser des jeunes gens de la société ; mais elle le rend au fur et à mesure à la compagne qu'elle a eu soin de choisir.

VISAGE DE BOIS

Le cavalier qui est condamné à faire *visage de bois* s'adosse à une porte fermée. Il appelle une dame qui vient lui faire vis-à-vis. Elle demande à son tour un cavalier qui place son dos contre le sien et nomme une autre dame qui vient devant lui.

Quand toute la société est réunie de la sorte, et que chaque dame a son vis-à-vis, une personne frappe dans ses mains et oblige tout le monde à se retourner vivement.

Il en résulte que les cavaliers se trouvent en face des dames auxquelles ils tournaient le dos, et que ce sont elles qu'ils doivent embrasser.

Le *Pénitent*, qui a fait aussi volte-face, trouve *visage de bois*, et c'est la porte qu'il est tenu d'embrasser.

LE VOYAGE A CORINTHE

Pour faire ce *voyage*, le *Pénitent* demande un compagnon qui tout aussitôt lui donne un flambeau à tenir et lui dit :

— Suivez-moi.

Chaque fois que ce compagnon s'arrête devant une dame, le *Pénitent* les éclaire avec précaution. Il embrasse la dame et ne manque pas d'essuyer le front du *Pénitent*.

La mystification produit son effet et ne laisse pas que d'être amusante.

LE VOYAGE A CYTHÈRE

On embrasse une dame à l'insu de l'aréopage, qui doit deviner si le baiser a été donné sur la joue, sur le front, sur le bras, sur la main, sur la bague, sur le bracelet ou sur la robe à telle ou telle place.

Chaque fois que l'on désigne un objet qui n'a pas été touché, le *Pénitent* l'embrasse.

Celui qui devine embrasse la dame à la place désignée. Tant pis pour lui s'il n'a pour récompense que le bas de la robe, au lieu du nœud de satin qui brille à la ceinture.

PÉNITENCES

PARIS. — IMP. SIMON RAÇON ET COMP., RUE D'ERFURTH, 1.